Enja Margot Handler

Wege zur Ganzheit

Enja Margot Handler

# Wege zur Ganzheit

## Mit Energetik zu sich finden

Trainerverlag

**Imprint**

Any brand names and product names mentioned in this book are subject to trademark, brand or patent protection and are trademarks or registered trademarks of their respective holders. The use of brand names, product names, common names, trade names, product descriptions etc. even without a particular marking in this work is in no way to be construed to mean that such names may be regarded as unrestricted in respect of trademark and brand protection legislation and could thus be used by anyone.

Cover image: www.ingimage.com

Publisher:
Der Trainerverlag
is a trademark of
Dodo Books Indian Ocean Ltd. and OmniScriptum S.R.L publishing group

120 High Road, East Finchley, London, N2 9ED, United Kingdom
Str. Armeneasca 28/1, office 1, Chisinau MD-2012, Republic of Moldova, Europe
Printed at: see last page
**ISBN: 978-620-0-77102-5**

# Inhaltsverzeichnis

# Warum „Wege zur Ganzheit"?

Am Anfang jedes menschlichen Lebens steht die Trennung, die Spaltung, das Vergessen unseres wahren Ursprungs ...

Vor unserer Ankunft als Mensch auf dieser Erde war alles eins und miteinander verbunden. Mit der Geburt trennen wir uns aus der Einheit, wählen einen Körper, eine Lebensaufgabe, eine Umgebung, um bestimmte Erfahrungen zu machen.

Bis zum Alter von 3 Jahren bleiben gewisse Erinnerungen noch aufrecht. Darüber gibt es zahlreiche Bücher, z.B. über Kinder, die Orte wiederfinden, an denen sie ihr vergangenes Leben verbracht haben und die bei einem Besuch an einem solchen Ort auch damalige Familienangehörige wiedererkennen. Es kommt auch vor, dass Kinder sich daran erinnern, welche Gedanken die schwangere Mutter in Bezug auf ihr mögliches Geschlecht hatte und über welchen möglichen Namen nachgedacht wurde – so habe ich es selbst bei einer meiner Töchter erlebt.

Je älter wir werden, desto mehr vergessen wir, woher wir kommen, wer wir wirklich sind. Wir vergessen, dass wir eine Seele haben mit einer ganz bestimmten Energie. Wir werden sozialisiert, lernen uns anzupassen, um in der gewählten Gesellschaft zu funktionieren. Wir verdrängen allmählich schmerzhafte Kindheitserfahrungen, entwickeln uns zu einer Persönlichkeit mit von der Umgebung akzeptierten Verhaltensweisen, werden erwachsen ...

Früher oder später kann es sein, dass wir uns fragen: Sind wir eigentlich glücklich? Leben wir unsere Talente und Fähigkeiten? Kennen wir sie überhaupt oder haben wir im Lauf der Zeit unsere Träume aufgegeben und deren Erfüllung als unrealistisch eingestuft? Kurz gesagt: ist unser Leben erfüllt? Oder plagen wir uns mit täglichem Kleinkram, arbeiten, nur um finanziell zu überleben, und in sehnsüchtiger Erwartung des nächsten Urlaubs oder der Pension? Landen wir letzten Endes vielleicht sogar im Burnout?

Was muss geschehen, damit wir beginnen, über unser Leben und das Leben allgemein nachzudenken? Wann und auf welche Weise machen wir uns auf den Weg zu unserem wahren Selbst und tun wir es denn überhaupt jemals?

In den meisten Fällen geschieht es wohl eher nicht. Funktionieren erscheint uns allemal einfacher als sich selbst, das Leben, die Zustände zu hinterfragen. Je früher der Leidensdruck aus dem bis zu einem bestimmten Zeitpunkt Erlebten auftaucht, je stärker er ist, desto früher beginnt jedoch die Reise.

Es braucht dennoch zunächst Mut – oder aber ein mitunter drastisches Aufwacherlebnis, sei es in Form einer Krankheit, eines Unfalls oder einer anderen Katastrophe (wie sie z.B. Anke Evertz in ihrem Buch „Neun Tage Unendlichkeit" schildert). Und selbst ein solches beinhaltet keine Garantie, dass wir dieses Ereignis als den Weckruf verstehen, als der er auf Seelenebene gemeint ist.

Die entscheidende Frage ist nun: wollen wir die Dinge an der Oberfläche reparieren, um wieder zu funktionieren? Dann wird es uns längerfristig wahrscheinlich ergehen, wie dem letzten der vier Pferde aus einer alten Geschichte, die Buddha erzählte:

*„Es gibt vier Arten von Pferden. Das erste Pferd galoppiert nur beim Anblick einer Peitsche. Das zweite Pferd galoppiert, wenn die Peitsche sein Haar berührt. Das dritte Pferd galoppiert, wenn die Peitsche seine Haut berührt. Das vierte Pferd galoppiert nur, wenn die Peitsche seine Knochen trifft.*

*Genauso gibt es vier Arten von Menschen, die meine Lehren hören. Die erste Person hört zu und versteht sofort, wie das erste Pferd, das beim Anblick einer Peitsche galoppiert. Die zweite Person hört zu und versteht nach einigem Nachdenken, wie das zweite Pferd, das galoppiert, wenn die Peitsche sein Haar berührt. Die dritte Person hört zu und versteht erst nach langem Nachdenken, wie das dritte Pferd, das galoppiert, wenn die Peitsche seine Haut berührt. Die vierte Person hört und versteht erst nach viel Mühsal und Leid, wie das vierte Pferd, das galoppiert, wenn der Schmerz der Peitsche bis zu den Knochen durchgedrungen ist."*

Haben wir das – vielleicht etwas zweifelhafte – Glück, schon in jüngeren Jahren zu begreifen, wie bestimmte Ereignisse einzuordnen sind, und ist der Leidensdruck so groß, dass wir einen Weg suchen, uns daraus zu befreien, begeben wir uns vielleicht auch schon früh auf eine Reise – zu unseren Wurzeln, zu unseren verdrängten Erlebnissen und daraus resultierenden Gefühlen, zu unseren Träumen und unerfüllten Wünschen, mit einem Wort, zu unserem wahren Selbst.

Wir haben immer die Wahl. Wie wir uns entscheiden ist letztlich jedoch unser freier Wille. Begreifen wir herausfordernde Ereignisse als Chance oder sehen wir uns als Opfer der Umstände? Im ersteren Fall übernehmen wir die Verantwortung für unser Leben, in letzterem verharren wir in Abhängigkeit von äußeren Ereignissen, die uns begegnen, nehmen sie hin in der Annahme, sie ohnehin nicht beeinflussen zu können und leiden unter ihnen. Ob wir schließlich am Ende unseres Lebens das Gefühl haben, uns weiterentwickelt und unsere Möglichkeiten genützt zu haben, oder diese Welt voller Bedauern über das, was wir versäumt haben, verlassen – es ist unsere Entscheidung!

Dazu heißt es in einer alten, der Überlieferung nach persischen Geschichte:

*Vor langer Zeit überlegten die Götter, dass es sehr schlecht wäre, wenn die Menschen die Weisheit des Universums finden würden, bevor sie tatsächlich reif genug dafür wären. Also entschieden die Götter, die Weisheit des Universums so lange an einem Ort zu verstecken, wo die Menschen sie solange nicht finden würden, bis sie reif genug sein würden.*

*Einer der Götter schlug vor, die Weisheit auf dem höchsten Berg der Erde zu verstecken. Aber schnell erkannten die Götter, dass der Mensch bald alle Berge erklimmen würde und die Weisheit dort nicht sicher genug versteckt wäre. Ein anderer schlug vor, die Weisheit an der tiefsten Stelle im Meer zu verstecken. Aber auch dort sahen die Götter die Gefahr, dass die Menschen die Weisheit zu früh finden würden.*

*Dann äußerte der weiseste aller Götter seinen Vorschlag: "Ich weiß, was zu tun ist. Lasst uns die Weisheit des Universums im Menschen selbst verstecken. Er wird dort erst dann danach suchen, wenn er reif genug ist, denn er muss dazu den Weg in sein Inneres gehen." Die anderen Götter waren von diesem Vorschlag begeistert und so versteckten sie die Weisheit des Universums im Menschen selbst.*

Der Weg nach innen kann also ein wunderbares Abenteuer sein – ein Weg der Erkenntnis einer weitaus größeren Perspektive auf das Leben und seine Geheimnisse, verglichen mit der heute weit verbreiteten, ausschließlich materiell ausgerichteten Herangehensweise an unterschiedlichste Problemstellungen. Es ist – wenn wir ihn beharrlich und voller Vertrauen gehen – ein Weg der Freude, des Begreifens, welch mächtige Wesen wir eigentlich sind.

Und einen solchen Weg mit Hilfe oft ungewöhnlich erscheinender, in vielen Fällen jedoch auch seit Jahrtausenden bekannter Methoden zu gehen, Vergessenes auszugraben, Schmerzhaftes zu integrieren und zu heilen, das Potential in alten Erfahrungen zu entdecken und auf diese Weise wieder soweit wie möglich zur ursprünglichen Ganzheit zurückzufinden – dies ist das Angebot zahlreicher energetischer Methoden, von denen in der Folge einige im Detail beschrieben werden sollen.

# Was ist Energie?

Energie ist ein Wort, das wir im Alltag häufig verwenden, ohne uns in der Regel seiner tieferen Bedeutung bewusst zu sein. Wir sprechen von Sonnenenergie, Windenergie, Energieknappheit. Wir kennen „Energiebündel", die vor Kraft und Initiative strotzen, und andere, die energielos das Leben gerade mal so hinbekommen. Wir erleben Tage, an denen wir müde sind und auf nichts Lust haben, und andere, an denen wir „der Welt einen Haxen ausreißen" könnten.

Doch diese so geheinmisvolle Kraft – was ist sie eigentlich?

In alten Kulturen wie der indischen oder chinesischen wird sie als Prana oder Chi bezeichnet und bereits vor sehr langer Zeit gab es dort ein Verständnis vom Energiefluß, der unsere Körper am Leben erhält und alles auf diesem Planeten – und letztlich im gesamten Universum – durchströmt.

Energie wird für alle natürlichen Vorgänge gebraucht, was die Menschen in der sie umgebenden Natur bereits in uralter Zeit erlebten. Ihre Abhängigkeit von den Jahreszeiten, den Elementen, dem Wirken von Sonne, Wind und Wetter gepaart mit Unwissenheit über die dahinterliegenden Kräfte ließ sie diese als Götter oder Göttinnen verehren und mittels unterschiedlichster Rituale versuchen, sie ihnen gewogen zu machen.

Feuer konnte in Urzeiten nur genutzt werden, indem man sich dieser Energie im Fall von Waldbränden, Vulkanausbrüchen oder Blitzeinschlägen bediente. Erst mit der steinzeitlichen Entdeckung der Möglichkeit, mit Hilfe von Feuersteinen und trockenem Gras selbst Wärme und Licht zu erzeugen begann der Weg aus der vollkommenen Abhängigkeit von natürlichen Gegebenheiten.

Doch bis zur Anwendung von Wärme und Licht für andere Zwecke als dem Zubereiten von Nahrung und dem Überleben an kalten Orten und in dunklen Stunden vergingen noch viele Jahrtausende, ganz zu schweigen vom Erforschen und Begreifen der Energien, die die Menschen umgaben und natürlich auch in ihnen selbst wirkten.

Auf Wikipedia findet man zum Begriff Energie Folgendes:

*„Energie ist eine physikalische Größe, die in allen Teilgebieten der Physik sowie in der Technik, Chemie, Biologie und der Wirtschaft eine zentrale Rolle spielt. Ihre SI-Einheit ist das Joule. Die praktische Bedeutung der Energie liegt oft darin, dass ein physikalisches System in dem Maß Wärme abgeben, Arbeit leisten oder Strahlung aussenden kann, in dem seine Energie sich verringert. In einem gegenüber der*

*Umgebung abgeschlossenen System ändert sich die Gesamtenergie nicht (Energieerhaltungssatz). Die Bedeutung der Energie in der theoretischen Physik liegt unter anderem darin, dass der Energieerhaltungssatz, ursprünglich eine Erfahrungstatsache, schon daraus gefolgert werden kann, dass die grundlegenden physikalischen Naturgesetze zeitlich unveränderlich sind."*

Die Physik unterscheidet verschiedene wesentliche Energieformen wie die elektrische Energie, die kinetische oder Bewegungsenergie, die potentielle oder Lageenergie und die thermische oder Wärmeenergie. Energie kann von einer Form in eine andere umgewandelt, auf andere Körper übertragen, gespeichert und entwertet werden. Nach dem Energieerhaltungssatz kann sie in einem System jedoch nie verloren gehen.

und weiter auf Wikipedia:

*„Das Wort Energie geht auf altgriechisch ἐνέργεια, energeia zurück, das in der griechischen Antike eine rein philosophische Bedeutung im Sinne von „lebendiger Wirklichkeit und Wirksamkeit" hatte[1] ... Als naturwissenschaftlicher Begriff wurde das Wort selbst erst 1807 von dem Physiker Thomas Young in die Mechanik eingeführt. Die neue Größe Energie sollte die Stärke ganz bestimmter Wirkungen angeben, die ein bewegter Körper durch seine Bewegung hervorrufen kann, und die sich nicht allein durch seinen Impuls mv („Masse mal Geschwindigkeit") bestimmen lassen." ...*

*„Der Energiebegriff im heutigen Sinn fand seinen Ursprung jedoch nicht bei den analytischen Mechanikern des 18.Jahrhunderts, sondern bei den angewandten Mathematikern der französischen Schule, darunter Lazare Carnot, der schrieb, dass die lebendige Kraft sich entweder als $mv^2$ oder Kraft mal Weg (als latente lebendige Kraft) manifestieren kann." ...*

*„1841 veröffentlichte der deutsche Arzt Julius Robert Mayer seine Idee, dass Energie weder erschaffen noch vernichtet, sondern nur umgewandelt werden kann. ... Dies ist heute bekannt als „Energieerhaltung" oder auch „Erster Hauptsatz der Thermodynamik".*

*Der Physiker Rudolf Clausius verbesserte im Jahr 1854 die Vorstellungen über die Energieumwandlung. Er zeigte, dass nur ein Teil der Wärmeenergie in mechanische Arbeit umgewandelt werden kann. Ein Körper, bei dem die Temperatur konstant bleibt, kann keine mechanische Arbeit leisten. Clausius entwickelte den zweiten Hauptsatz der Thermodynamik und führte den Begriff der Entropie ein. Nach dem zweiten Hauptsatz ist es unmöglich, dass Wärme eigenständig von einem kälteren auf einen wärmeren Körper übergeht." ...*

*Nachdem schon Wilhelm Wien (1900), Max Abraham (1902) und Hendrik Lorentz (1904) Überlegungen zur elektromagnetischen Masse publiziert hatten, veröffentlichte Albert Einstein im Rahmen seiner speziellen Relativitätstheorie 1905 die Erkenntnis, dass Masse und Energie äquivalent sind."* [1]

*Er sagte dazu:*
*"In Bezug auf Materie lagen wir völlig falsch. Was wir Materie genannt haben, ist Energie, deren Schwingung so gesenkt wurde, dass sie für die Sinne wahrnehmbar ist. Es gibt keine Materie."*

Womit wir bei einem Verständnis von Energie angelangt wären, das weit über alles Materielle hinausgeht.

Nikola Tesla, einer der spannendsten Wissenschaftler des 20.Jahrhunderts und Erforscher der „Freien Energie", der zu Lebzeiten keine Anerkennung fand und in Armut starb, stellte u.a. fest:

*"Möchtest du die Geheimnisse des Universums erfahren, denke in den Begriffen Energie, Frequenz und Schwingung."*

Von Max Plank, dem Urheber der Quantentheorie – um nur einen weiteren brillanten Wissenschaftler zu nennen – stammt die Äußerung

*"Ich betrachte Bewusstsein als grundlegend. Ich betrachte Materie als abgeleitet vom Bewusstsein."*

Energie kann man mit freiem Auge weder sehen noch anfassen. Man erkennt sie nur an ihrer Wirkung.

Als Menschen auf diesem Planeten verwenden wir Energie für alle Lebensvorgänge – Denken, Atmen, Wachstum, Funktion der Organe, Bewegung, Arbeit ... Dafür müssen wir unseren Energiehaushalt auf der physischen Ebene immer wieder auffüllen, durch Essen, Trinken, Ruhen, Schlafen usw.

Je mehr wir auf die Bedürfnisse unseres Körpers achten, je pfleglicher wir mit ihm umgehen, desto besser wird unser Energiehaushalt sein. Ein Zuviel an Arbeit kann im Burnout münden, ein Zuwenig an Schlaf in Erschöpfung, ein Übermaß an ungesunder Ernährung oder ein Mangel an wichtigen Nährstoffen in Krankheit, um nur einiges zu nennen. Was unserem Körper gut tut hängt schließlich auch von Alter, Körperbau, Geschlecht, Lebensstil und Genetik ab.

---

[1] https://de.wikipedia.org/wiki/Energie

Was aber braucht unsere Psyche, um sich wohlzufühlen – und was braucht der Teil unseres Wesens, den die Wissenschaft bislang vergeblich in der Materie, in unserem Körper zu finden gehofft hat, und den wir nach gängigem Sprachgebrauch als Seele bezeichnen?

Welche Bedingungen brauchen wir, um uns glücklich zu fühlen? Wie müssen wir leben, um Erfüllung zu empfinden?

Solche Fragen führen uns ebenfalls in einen Bereich, der weit weniger greifbar ist als die physische Ebene. Wir betreten die Welt der Gefühle und diejenige des Geistes – letztere als eine Dimension, die über das Denken hinausgeht und in ein Feld führt, dessen Existenz viele Menschen anzweifeln, verleugnen, vielleicht als Spintisiererei abtun, das ihnen vielleicht sogar Angst macht. Es ist eine Dimension, die Jenseits des Physischen liegt und dennoch einen großen, wenn auch schwer fassbaren Einfluß auf unsere Existenz hat.

Beginnen wir mit der Gefühlswelt! Was braucht ein Neugeborenes? Welche Bedingungen legen schon in der Schwangerschaft, nach der Geburt und später im Lauf der Entwicklung eine gesunde Basis für ein glückliches Leben?

Wie man aus Rückführungen in vorgeburtliches Erleben erkennen kann, haben bereits die Lebensumstände der Mutter und die sich daraus ergebenden Gefühle für das Ungeborene einen prägenden Einfluß auf die Gefühle des Kindes. War es gewollt oder ist es „passiert"? Lehnt die Mutter es ab oder freut sie sich darauf? Hat sie Stress in ihrem Leben oder fühlt sie sich aufgehoben und unterstützt durch ihre Umgebung? Wie empfindet sie die Schwangerschaft körperlich?

Hier werden bereits die ersten Grundlagen gelegt für das spätere Gefühlsleben des kleinen Menschen.

Ist er einmal geboren, setzt sich die Prägung fort, je nach der Art und Weise, wie er in diese Welt hinein empfangen wird, wie die Eltern oder andere Erziehungsberechtigte mit ihm umgehen und in der Lage sind, seine grundlegenden Bedürfnisse zu erfüllen.

Je nachdem, wie die Eltern selbst aufgewachsen sind und konditioniert wurden, werden sie auch mit dem Neugeborenen, dem Kleinkind, dem Heranwachsenden umgehen – außer sie hätten sich bereits vor dessen Ankunft mit den eigenen Erlebnissen, der eigenen Erziehung und den daraus entstandenen Gefühlen und Verhaltensweisen auseinandergesetzt.

Das kleine, von seinen Betreuungspersonen vollkommen abhängige Kind wird lernen, sich an seine Umgebung anzupassen, aus dem Erlebten instinktiv seine

Schlüsse ziehen und diese ins weitere Leben mitnehmen. Hat es sich geliebt gefühlt oder abgelehnt? Musste es funktionieren oder durfte es sich frei entwickeln? Hat es gelernt, den Erwartungen der Eltern zu genügen, sich so zu verhalten, wie diese es als richtig empfanden? Oder durfte es einfach sein?

Instinktiv spürt das Kind, was die Erwachsenen von ihm wollen, spürt die Gefühlsenergie, die sie ausstrahlen, und all dies gestaltet die Gefühlswelt des späteren Erwachsenen.

Instinktiv spürt es aber auch – bevor es selbst in der Lage ist, Dinge zu verstehen – was die Erwachsenen in seiner Umgebung denken. Wie ist ihre Geisteshaltung, wie und worüber sprechen sie, was prägt ihren Alltag und ihren Lebensstil, welche Einstellungen geben sie im Lauf der weiteren Entwicklung an das Kind weiter? Sind sie religiös oder glauben sie an gar nichts? Zählt für sie nur die Materie oder denken sie auch über das mit Händen Greifbare hinaus?

All dies ist Energie – Gefühlsenergie, geistige Energie, spirituelle Energie – je nachdem, was das Kind erlebt. All dies nimmt es mit in sein späteres Leben und geht damit um, wie es ihm entspricht.

Allerdings kommt auch kein kleiner Mensch auf diesem Planeten als „unbeschriebenes Blatt" an.

Hinweise auf die Idee der Reinkarnation sind aus der Anfangszeit des Christentums überliefert. Mit der Entwicklung der Kirchen geriet sie aber immer mehr in Vergessenheit und wurde von der Vorstellung eines einzigen Lebens mit einem Übergang ins Jenseits nach dem Tod abgelöst. Für die indische und viele andere östliche Kulturen war Reinkarnation jedoch immer schon eine Selbstverständlichkeit, die mit dem Aufkommen der sogenannten Esoterik auch im Westen wieder Fuß fasste. Mittlerweile gibt es dafür genügend Belege und zahlreiche Bücher zu diesem Thema.

Mit welchen Themen ein Kind geboren wird, welche Grundenergie in Form der 4 Elemente Erde, Wasser, Feuer, Luft es mitbringt – oder man könnte auch sagen: welche Grundenergie sich seine Seele als Lernaufgabe ausgesucht hat – ist z.B. genauestens aus seinem Geburtshoroskop abzulesen. Dazu und was es bedeutet, dass es genau zu einem bestimmten Zeitpunkt an einem bestimmten Ort geboren wird, d.h. zu Zeit und Ort einer bestimmten vorherrschenden – nennen wir es – „Umgebungsenergie", später noch mehr in meinem Methodenkatalog.

Die Energie und die Themen, die das Kind mitbringt, verbinden sich nun und reagieren auf das, was ihm dann in der Umgebung begegnet, in die es hineingeboren wird. Die mitgebrachte Energie verschmilzt so quasi mit der Umgebungsenergie und erschafft die jeweilige, individuelle Persönlichkeit mit all ihren Eigenschaften, Geschenken und Herausforderungen. Welcher Lebensweg daraus entsteht, wie damit umgegangen wird, ob man die Geschenke erkennt und die Herausforderungen annimmt oder nicht – das ist das „Abenteuer Leben".

# Das menschliche Energiesystem

Nach den Erkenntnissen insbesondere der Quantenphysik ist alles Energie. Und wie materiell, und damit für die menschlichen Sinne erfassbar, etwas ist, hängt von der Frequenz dieser Energie, von der Geschwindigkeit der Bewegung winziger, mit freiem Auge unsichtbarer Teilchen ab, aus denen alles besteht.

Ein Tisch z.B. erscheint uns als feste Materie, schwingt aber so langsam, dass wir ihn angreifen, verschieben, heben können. Darüber hinaus hat er auch eine bestimmte Energie, die feinfühlige Menschen spüren können. Holz mag dabei als lebendig empfunden werden, Metall als kalt, Plastik als künstlich und tot. Kleidung aus Kunststoff hat eine andere Energie als eine solche aus Naturmaterialien.

Womit wir wieder im feinstofflichen Bereich wären, denn Energie von Vorbesitzern kann z.B. an gebrauchten Gegenständen hängen und wahrgenommen werden. Begegnet man einem anderen, vielleicht völlig unbekannten Menschen, reagiert man oft instinktiv positiv oder ablehnend. Interessant zu beobachten ist in diesem Zusammenhang auch, welche Menschen sich in Seminaren nebeneinander setzen. Wie sich im Lauf des Seminars meist herausstellt, haben sie in der Regel ähnliche Themen, die sie beschäftigen.

Auch unser aus 50 Billionen Zellen bestehender physischer Körper ist aus Energiewirbeln gebildet und von Energiebahnen durchzogen, die in alten, vor allem östlichen Kulturen bereits bekannt waren und uns aus dieser Zeit im Detail überliefert wurden.

Aus einer energetischen Perspektive betrachtet, ist der Mensch weit mehr als der sichtbare physische Körper, der nur den unteren Schwingungsbereich unserer Existenz darstellt. Darüber hinaus gibt es um ihn herum noch verschiedene Schichten unterschiedlich schwingender Energie, die gemeinhin als Energiekörper bezeichnet werden. Dabei nimmt die Schwingung exponentiell zu, je weiter die einzelnen Schichten vom physischen Körper entfernt sind.

Wie die physische Welt durch den physischen Körper erfahren werden kann, so können andere, ihn umgebende Schwingungsebenen, abhängig vom Grad der Bewusstheit, ebenfalls – durch sogenannte erweiterte Wahrnehmung – erfahren werden. So können Aurasichtige den Gefühls- und Bewusstseinszustand eines Menschen an den den physischen Körper umgebenden Farben ablesen, denn die Energiekörper speichern Informationen und Erfahrungen des jeweiligen Menschen. Dementsprechend können sie auch, wie der physische Körper, in ihrer Funktion gestört werden.

Beginnen wir zum besseren Verständnis mit der gängigen Unterteilung unseres Energiesystems in 3 Ebenen, die physische, die astrale und die spirituelle Ebene.

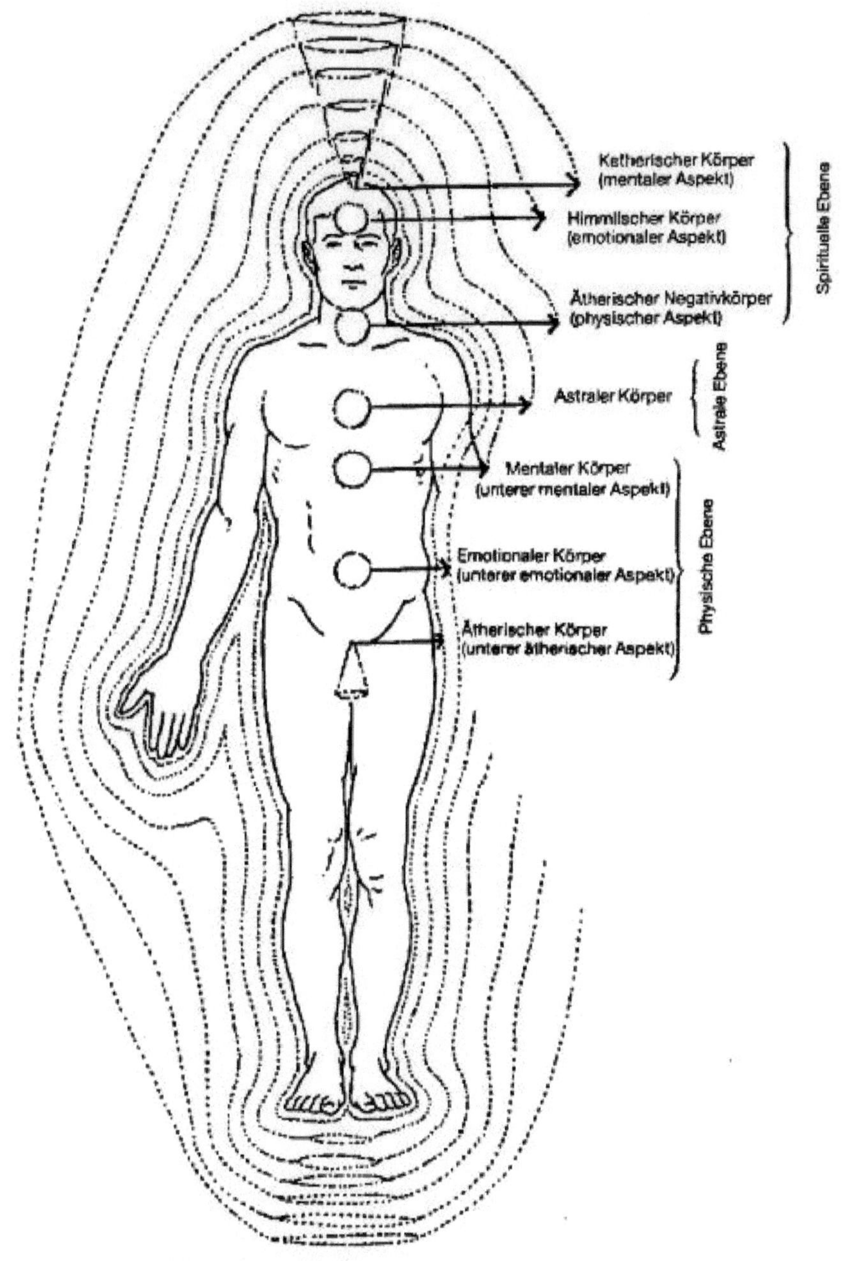


*Die sieben Auraschichten*

Die physische Ebene besteht demnach aus

- physischem Körper (dem grobstofflichsten Teil unseres Wesens)

- Ätherkörper
  Dieser durchdringt den physischen Körper und überragt ihn um 1-2 cm. Er ist die Blaupause des niedriger schwingenden physischen Körpers, beherrscht, kontrolliert und bestimmt ihn. Er ist Träger der sogenannten Lebenskraft, einer feinstofflichen Energie aus mehreren Anteilen, die teilweise von außen aufgenommen wird, wie z.B. durch Nahrung und Atmung, und den Körper in bestimmten Energiebahnen, den sogenannten Meridianen oder auch Nadis, durchströmt. Diese wiederum stehen mit den sieben Hauptchakren, dem Nervensystem, dem endokrinen System, der Blutbahn und den sieben kosmischen Energieströmen („die sieben Strahlen" genannt), in Beziehung.

- Emotionalkörper
  Er ist Träger unserer Emotionen und überragt den physischen Körper in der Regel um fünf bis zehn Zentimeter. Wir leben durch ihn in Polaritäten wie Liebe und Hass, Freude und Leid, Anerkennung und Kritik, Mut und Angst, etc.

- Mentalkörper
  Er ist Träger der Gedanken, die in Form von Energien ohne Verbindung zu irgendwelchen Gefühlen hervorgebracht werden. Er überragt den physischen Körper im Durchschnitt um 15-25 cm und beinhaltet sämtliche Denkmuster und abstrakten Gedankenkonzepte, aus denen sich unser bewusstes Denken zusammensetzt.

Die Astralebene beinhaltet den

- Astralkörper
  Er ist eine Ebene zwischen physischer und spiritueller Welt, in der Zeit und Raum aufgehoben sind. Sie hat eine höhere Schwingung als der physische Körper und der Ätherkörper. Hier entstehen Emotionen, Gefühle, Leiden-schaften und Wünsche, die durch ihn auch zum Ausdruck gebracht werden. Die Gefühle der Menschen untereinander können hier wahrgenommen und auf uns Projiziertes erkannt werden.

Die spirituelle Ebene besteht aus

- Kausalkörper (steht für Visionsfindung und mediales Empfangen)

- Seelenkörper (Sitz des Höheren Selbst)

- Geistkörper (ICH BIN Bewusstsein, reiner Geist) [2]

Abgesehen vom physischen Körper liegen die anderen Schichten, für die es unterschiedliche Bezeichnungen gibt, in der immateriellen Welt. Sie sind für unsere physischen Augen unsichtbar und werden unter dem Begriff *Aura* zusammengefasst. Am Ende der materiellen und immateriellen Schichten steht unser Höheres Selbst. Sind wir in der Lage, all unsere Auraschichten in Liebe und Güte zu durchdringen, so haben wir freien Zugang zu diesem Bereich.

So wie unsere Gedanken, Emotionen und Erfahrungen einen Einfluß auf unseren physischen Körper und damit auf unser Wohlbefinden und unsere Gesundheit haben, gibt es auch Faktoren, die unsere Aura beeinflussen. Einige dieser Faktoren können von uns bewusst gesteuert werden und es liegt in unserer Macht, unser Energiefeld durch sie zu beeinflussen.

So stärken uns positive Emotionen wie Freude und Liebe, während Angst und Wut unser Energiefeld schwächen. Dasselbe gilt für positive bzw. negative Gedanken, für gesunde oder ungesunde Ernährung, für die Umgebung, in der wir uns aufhalten, für unseren Lebensstil, die Qualität unserer Beziehungen und unsere Lebenseinstellung generell.

Nicht zu unterschätzen ist unsere bewusste Absicht. Es liegt in unserem Ermessen, wie wir unser Leben gestalten, ob uns z.B. klar ist, wie sehr „die Energie der Aufmerksamkeit folgt", wie es in spirituellen Kreisen oft heißt, ob wir erkannt haben, welche – im positiven Sinn – mächtige Wesen wir sind, oder ob wir uns entscheiden, die Verantwortung an äußere Bedingungen abzugeben und unser Leben als Opfer der Umstände zu fristen.

Neben bewussten Entscheidungen gibt es allerdings auch unterbewusste Einflüsse, die weniger leicht zugänglich sind. Dazu gehören Erfahrungen aus der Kindheit, die unser Selbstwertgefühl und unsere Selbstliebe geprägt haben, aber auch Erfahrungen aus anderen Leben, die immer noch aus dem Untergrund wirken. Auch die Erfahrungen unserer Ahnen und die Muster, die über Generationen weitergegeben werden können, haben einen oft unterschätzten Einfluss.

Wird man sich im Lauf einer bewussten Persönlichkeitsentfaltung dieser Faktoren bewusst, entdeckt nach Möglichkeit seine Lebensaufgabe und seinen vor der Inkarnation festgelegten Seelenplan und folgt diesen, hat dies einen äußerst positiven Einfluß auf die Energiekörper und damit auch auf die Lebensqualität.

---

[2] Quelle u.a.: Nathalie Schmidt: „Energie – Grundlage des Lebens", Schirner-Verlag 2012

## Die Chakren

– um auf diesen Teilaspekt des menschlichen Energiesystems näher einzugehen –, sind nun Wirbel im Energiefeld und als solche Verbindungsstellen zwischen unseren körperlichen, also grobstofflichen, und unseren seelischen, also feinstofflichen Anteilen. Das Wort aus dem Sankrit bedeutet wörtlich Rad oder Kreis.

Diese Energiewirbel übertragen Energie und Informationen und wandeln sie je nach Bedarf in verschiedene Schwingungsfrequenzen um. Sie sorgen dafür, dass der physische Körper optimal mit Lebensenergie versorgt ist und haben zum Teil auch wichtige spirituelle Funktionen.

Die 7 Hauptchakren, die sich entlang der Wirbelsäule aufreihen, sind

- das Wurzelchakra
- das Sakralchakra
- der Solarplexus
- das Herzchakra
- das Halschakra
- das Dritte Auge
- das Kronenchakra

Daneben gibt es noch viele Nebenchakren, die alle durch Energiekanäle (Nadis) verbunden sind und miteinander kommunizieren. Der Sitz der Chakren, die Farbzuordnungen und deren Entsprechungen sind in den letzten Jahren im Wandel begriffen.

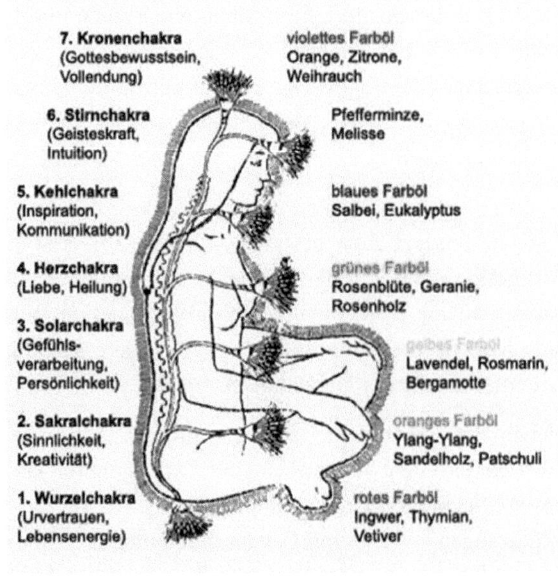


Die Chakrenenergie steuert neben allen Lebensfunktionen im Körper auch die dazugehörigen Energiesysteme, d.h. unsere Organe, unsere Zellen, unser Hormonsystem, unser Immunsystem, den Energiefluß in den Meridianen und unser ganzes Denken und Fühlen.

Jedes Chakra spiegelt verschiedene psychische und physische Themen wieder, welche im unausgeglichenen Zustand im Leben zur Herausforderung werden können. Wenn einzelne dieser Energiezentren blockiert oder verschlossen sind, hat das einen Einfluss auf unser gesamtes Energiesystem. Es kann zu einem Energiemangel nicht nur in unserem psychischen Befinden, sondern auch in den zugehörigen Organen und in weiterer Folge schließlich zu körperlichen Krankheiten kommen.

Jedes der 7 Hauptchakren steht in seiner Bedeutung und Zuordnung zudem für bestimmte Energiekörper, Themen, Erfahrungsebenen und spirituell-geistige Qualitäten.

Das *Wurzelchakra oder Muladhara,* das sich am Damm befindet, steht für Überleben, Sicherheit, Lebenskraft, Ur-Vertrauen und Ur-Instinkte, Verbindung zu allem Irdischen, Beziehung zur materiellen Ebene des Lebens wie Geld, Macht, und Karriere, Stabilität, innere Stärke und Bodenhaftung. Sein Urimpuls ist Kampf oder Flucht und die größte emotionale Herausforderung ist dementsprechend Angst. Die ihm zugeordnete Farbe ist Rot. Der zugeordnete Sinn ist der Geruchssinn. Ist es blockiert, z.B. durch ein Geburtstrauma, physische oder emotionale Vernachlässigung bzw. Mißhandlung im Babyalter, oder ererbte Traumata, ist das Urvertrauen gestört und es kommt zu Überlebensangst, Angst vor Veränderungen, Angst davor, im Körper zu sein, und häufig zu Problemen auf der materiellen Ebene, z.B. mit Geld. Auf der physischen Ebene drückt sich dies u.a. als Immunschwäche und Essstörungen und als Schmerzen im Bereich des Steißbeins aus. Das Chakra resoniert mit dem physischen und dem Ätherkörper. Das zugehörige Element ist Erde, das Organ die Nebennierendrüse.

Das *Sakralchakra oder Svadhisthana* befindet sich eine Handbreit unter dem Bauchnabel. Es steht für den Fluss der Lebensenergie, ist Kanal für schöpferische Energie, für das Erfahren der Welt, Lebendigkeit, Verlangen/Begehren, Lebensfreude, Emotionen, Lust, Sexualität und Zugehörigkeit zu anderen. Eine Blockade kann durch sexuelle und emotionale Misshandlungen, Zurückweisung, oder mangelnde Zuwendung im Alter von 2-8 Jahren entstehen. Sie zeigt sich dann als Scham, Schuld, Neid, Eifersucht, Angst vor Nähe und Intimität, und Angst davor, sich emotional und kreativ auszudrücken. Auf der physischen Ebene kann es zu Erkrankungen von Geschlechtsorganen, Niere und Blase, sexueller Dysfunktion, Harnwegsinfektionen, Verlust des Appetits nach Essen und Leben sowie Problemen im Kreuzbereich kommen. Die der Tradition nach zugeordnete Farbe ist orange, der zugeordnete Sinn der Geschmackssinn. Es resoniert mit dem Ätherkörper und dem Emotionalkörper. Das zugehörige Element ist Wasser, die Organe sind die Keimdrüsen.

Das *Solarplexuschakra oder Manipura* befindet sich oberhalb des Nabels etwas unterhalb des Solarplexus. Es steht für Gedankenformen, Willenskraft, Persönlichkeit und erworbene Identitäten, persönliche Macht, für Bauchgefühl/ unterbewusste Intuition, Verantwortung, Grenzsetzung, Tatkraft und Ausgeglichenheit. Die zugeordnete Farbe ist Gelb, der Sinn ist der Sehsinn, das zugeordnete Element ist Feuer, das entsprechende Organ die Bauchspeicheldrüse. Es resoniert mit dem Emotional- und dem Mentalkörper. Ist es blockiert – z.b. durch Unterdrückung, Manipulation, ständige Kritik und Überforderung im Alter zwischen 5 und 12 Jahren – kommt es zu Minderwertigkeitskomplexen, Angst, nicht gut genug zu sein, die Kontrolle zu verlieren, zu Angst vor Wut, vor Kritik und vor Versagen. Kompensiert kann dies werden durch ein starkes Streben nach Status, Ansehen, Macht und Kontrolle sowie durch den Gebrauch von Drogen. Auf der physischen Ebene zeigt sich eine Blockade in Form von Verdauungsproblemen, Essstörungen, Atemproblemen, Magengeschwüren, Gallensteinen, Diabetes mellitus, Darmerkrankungen, Krebs und Schmerzen im mittleren Bereich der Wirbelsäule.

Das *Herzchakra oder Anahata* in der Mitte der Brust auf Höhe des Herzens ist Sitz der universellen Liebe und steht für Hingabe, Heilung, Beziehung, Mitgefühl, Vergebung, Sensitivität, Herzensfreude und Feingefühl. Eine Blockade entsteht im Alter von 12 bis 16 Jahren durch Zurückweisung, Verlassenwerden, Verrat, Verletzung durch ein liebloses Umfeld oder Scheidung. Man hat dann Angst vor Herzschmerz, Trauer, Verletzung und Verletzlichkeit, außerdem Angst, sich zu öffnen, Liebe zu empfangen und genährt zu sein, und hängt oft an Urteilen und Meinungen anderer, an vergangenen Erlebnissen und einem strengen Konzept über Wahrheit und Schuld. Auf der körperlichen Ebene kann es zu Krankheiten von Herz, Lunge, Brust, Armen und Händen, hohem oder niedrigem Blutdruck, Kreislaufproblemen, Durchblutungsstörungen, Asthma, Allergien und Schmerzen im Brustwirbelbereich kommen. Die dem Chakra zugeordnete Farbe ist hellgrün auf der physischen und rosa auf der seelischen Ebene. Da es genau in der Mitte der sieben Hauptchakren liegt, ist es die Brücke zwischen den unteren und oberen Chakren und somit die Verbindung zwischen den weltlichen und spirituellen Ebenen. Der zugehörige Energiekörper ist der Kausalkörper, der die Erinnerungen an die Gefühle aus allen inkarnierten Leben in sich trägt. Das Element des Herzchakras ist die Luft, der zugehörige Sinn ist der Tastsinn, die zugehörige Drüse die Thymusdrüse.

Das *Halchakra oder Vissudha* liegt etwas unterhalb des Kehlkopfes. Es steht für Kommunikation, Selbstausdruck, Wahrheit, Integrität und Authentizität, für die Fähigkeit, zu manifestieren, die Öffnung für die feinstoffliche Ebene, Zugang zur Intuition und Klarheit im Innen und Außen. Die Farbe ist himmelblau, das Element ist Äther. Es resoniert mit dem Weisheitskörper/dem Höheren Verstand. Das zugehörige Organ ist die Schilddrüse, der zugehörige Sinn der Gehörsinn. Eine Blockade entsteht häufig im Alter von 16 bis 21 Jahren durch Kritik, Liebesentzug und Geheimniskrämerei im Umfeld. Dies führt zu Angst, sich auszudrücken, sich zu verpflichten, sich zu zeigen, wie man ist, zu Angst vor Zurückweisung und Konfrontation, und man hängt häufig an der Meinung anderer Menschen. Körperlich drückt sich eine Blockade aus als Entzündungen von Rachen, Nebenhöhlen, Mundhöhle und Zahnfleisch, Über- oder Unterfunktion der Schilddrüse und Schmerzen im Bereich der Halswirbel.

Das *Stirnchakra oder Ajna* liegt in der Mitte des Kopfes leicht über und zwischen den Augenbrauen. Es wird auch als „Drittes Auge" bezeichnet und ermöglicht die Kommunikation mit der Seele, Intuition, innere Führung, göttliche Inspiration, Hellsichtigkeit, Visualisation, Phantasie, Telepathie und Präsenz. Die Farben sind indigoblau bis violett. Der zugehörige Energie-Körper ist der himmlische Körper, das Element ist der Geist. Die zugehörige Drüse ist die Hypophyse, der Sinn die außersinnliche Wahrnehmung. Ist es blockiert – häufig durch Traumata aufgrund von Krieg, Gewalt, eine Scheinwelt in der Kindheit mit Abwertung intuitiver Einsichten oder durch einen aufgezwungenen Glauben, meist im Alter zwischen 21 und 28 Jahren – hat man Angst, nicht zu wissen und zu verstehen „warum" und Angst, nach innen zu schauen. Man hält dann an einem bestimmten Konzept über Wahrheit fest, lebt sehr im Verstand und in Illusionen. Körperlich kann sich eine Blockade in Form von Kopfschmerzen, Migräne, Schlaganfällen, Epilepsie, Hirntumoren, Erkrankungen von Augen, Ohren, Nase und Nervensystem zeigen.

Das *Kronenchakra oder Sahasrara* schließlich befindet sich direkt am und über dem Scheitelpunkt des Kopfes. Es steht für Einheitsbewusstsein und göttliche Führung, für die Verbindung des Menschlichen mit dem Göttlichen, für Erleuchtung und göttliche Liebe. Die Farbe ist durchsichtiges oder weißes Licht mit leichten violetten Anteilen, der zugehörige Körper der Geist-Licht-Körper, das Element der Kosmos. Die zugehörige Drüse ist die Zirbeldrüse, der Sinn das Einfühlungsvermögen. Ist das Chakra blockiert, z.B. durch spirituelle Misshandlung, Zwang zu blindem Gehorsam oder aufgezwungenen Materialismus, so hat man Angst, alleingelassen zu sein, die Identität und den freien Willen zu verlieren, und kein Vertrauen in göttliche Hilfe. Physisch zeigt sich eine Blockade als Nervenleiden, Lähmungserscheinungen, Multiple Sklerose, Krebserkrankungen, Schlafstörungen, Koma und generelle Immunschwäche. [3]

---

[3] Quellen: https://www.chakren.net/chakrenlehre/energiesystem
    Nathalie Schmidt: „Energie – Grundlage des Lebens", Schirner-Verlag 2012
    Shalila Sharamon/Bodo J.Baginski: „Das Chakra-Handbuch", Windpferd-Verlag 2007

Das 1.,3.,und 5.Chakra arbeiten dabei zusammen und repräsentieren den männlichen Kreislauf, das 2.,4.,und 6.Chakra den weiblichen Kreislauf. Das 7. Chakra ist neutral.

Die Chakren 1, 2 und 3 repräsentieren die „niederen" Chakren, die instinkt- oder auch „tiermäßig" angelegt sind. Die Chakren 5, 6 und 7 repräsentieren die Energien des Höheren Selbst, die nach unten fließen. Im Herzchakra verbinden sich die beiden Ebenen.

Wenn jemand nur im niederen Selbst lebt, ist er nur mit Überleben, eigenen Bedürfnissen und Kampf um Erfüllung derselben beschäftigt. Das niedere Potential ist in jedem angelegt und Religion, Moral, und Erziehung zielen darauf ab, diese Energien anzuheben. Kontrolle und Urteil haben die Funktion, diesen Prozeß zu unterstützen. Da wir aber im Normalfall nicht wissen, wie wir niedere Energien transformieren können, unterdrücken wir sie. Sie „kochen" dann im Untergrund und brechen sich mitunter Bahn in Aggression und anderen überschießenden Reaktionen. Sie agieren also aus dem Unbewussten und können dadurch sehr destruktiv werden.

Lebt man in den unteren 3 Chakren, folgt man in erster Linie egozentrischen Bedürfnissen. Überleben auf der Ebene des 1.Chakras heißt dann Essen und Erhaltung der Art, auf der Ebene des 2.Chakras Zugehörigkeit zu einer Gruppe, auf der Ebene des 3.Chakras Wettbewerb, Machtkampf, Kontrolle, und Trennung.

Die Kraft der Basis und des 2.Chakras speisen das 3., wo die Energie zum Ausdruck kommt. Es geht dann darum: "was ist für mich das Beste?". „was brauche ich und wie kann ich es bekommen?" Die Energie dieser Verhältnisse bestimmt heute unsere Welt - diese ist auf einer 3.Chakra-Bewußtheit aufgebaut.

Die Energie der Krone wird im 3.Auge verdichtet, in eine Form gebracht, und kommt im Halschakra zum Ausdruck. Krone und 3.Chakra sind Zentren des göttlichen Willens und der individuellen geistigen Macht. Bei einer bewußten Person vereinen sich beide Energien im Herzen: die Kraft der Persönlichkeit und die Absicht der Seele wirken zusammen in Liebe und Dienst an der Menschheit.

### *Das Meridiansystem*

Die Meridiane – als weiterer Teilaspekt des menschlichen Energiesystems – sind Leitbahnen für die Lebensenergie (Qi) in unserem Körper, die sowohl dessen Funktionen als auch unsere Psyche versorgt. Das System ist die Grundlage der TCM (Traditionelle Chinesische Medizin) und der meisten anderen Techniken aus dem östlichen Kulturkreis wie Akupressur, Shiatsu oder Jin Shin Jyutsu, wird inzwischen aber auch im Westen, z.B. in der Körbler-Methode, verwendet. Es wurde bereits vor 3000 Jahren in China beschrieben.

Die Energiebahnen des Meridiansystems ähneln dem Blutsystem, sind aber nicht mit dem Verlauf der Blutbahnen identisch. Sie verlaufen sowohl im Inneren des Körpers wie auch an der Oberfläche und verbinden somit Innen und Außen. Kommt es zu Stagnationen oder Blockaden der Energie in diesem Bereich, reagiert der Körper zuerst mit Symptomen oder leichten Beschwerden, später können jedoch auch Krankheiten auftreten.

An den Meridianen befinden sich außerdem sogenannte Meridianpunkte, die mit bestimmten Organen in Verbindung stehen und Aufschluß über deren Zustand geben bzw. bei festgestellten Blockaden oder Unterversorgung den jeweiligen Meridian stimulieren können. Auch eine Überversorgung ist möglich und kann entsprechend ins Gleichgewicht gebracht werden.

Da jeder Meridianpunkt oder -kreis einem spezifischen Organ, einem Lebensthema oder einer Krankheit zugeordnet ist, kann man über die Meridiane ganz gezielt auch an Krankheiten und Lebensthemen arbeiten. Die Fließdynamik der Meridiane hängt stark von unseren Emotionen und unserer Psyche ab. Während das Nervensystem stärker mit dem Denken verbunden ist, hat das Meridiansystem eine Verbindung zu den Gefühlen. Fließt zu wenig Lebensenergie – auch Chi oder Prana genannt – können die zugehörigen Organe beeinträchtigt werden.

Alle energetischen Lebensstrukturen – Körper, Psyche und Geist – sind über eine Lebensachse miteinander verbunden und beeinflussen sich gegenseitig. Sie stehen in ständigem Austausch miteinander:

- das Nervensystem (Körper) über das Rückenmark

- das Meridiansystem (Psyche) über 2 Bahnen vor und hinter der Wirbelsäule

- das Chakrensystem (Geist) über die Kundalinisäule

Hierbei wirkt das Meridiansystem als Puffer für alle drei Energiesysteme. Durch verstärktes Aufnehmen oder Abgeben der Lebensenergie stützt es die Nerven und die Chakren.

Von großer Bedeutung sind vor allem die 12 Hauptmeridiane und die zwei zusätzlichen Meridiane Lenkergefäß und Dienergefäß. Die Hauptmeridiane verlaufen parallel auf der linken und rechten Körperhälfte, während Lenker- und Dienergefäß an der vorderen und hinteren Körpermitte verlaufen. Daneben gibt es noch eine Vielzahl von Neben- und Sonderleitbahnen, die besonders für die Akupunktur von Bedeutung sind.

## Die Hauptleitbahnen

Die 12 Hauptleitbahnen sind der Nierenmeridian, der Blasenmeridian, der Lebermeridian, der Gallenblasenmeridian, der Milz-Pankreas-Meridian, der Magenmeridian, der Lungenmeridian, der Dickdarmmeridian, der Herzmeridian, der Dünndarmmeridian, der Herzbeutelmeridian oder Pericard und der Dreifach-Erwärmer.

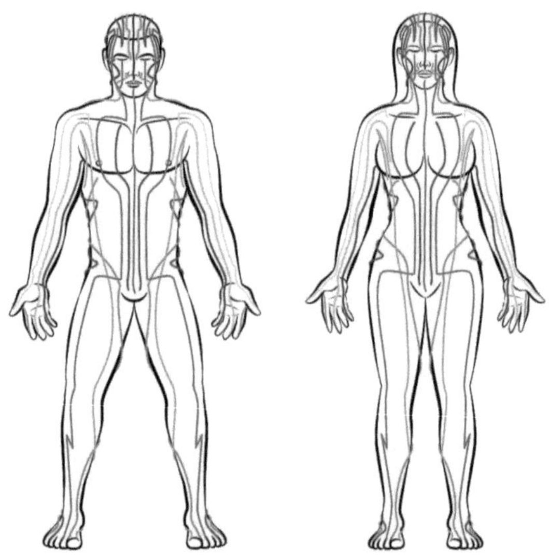

Die zwölf Hauptmeridiane sind jeweils nach den Organen und dem Funktionskreis benannt, auf den durch die Punkte am meisten Wirkung ausgeübt werden kann. Eine Ausnahme bilden der Dreifach-Erwämer, der Herzbeutelmeridian und die beiden Sonderkanäle Zentral- oder Konzeptionsgefäß und Lenker- oder Gouverneursgefäß, die keinem Organ zugeordnet sind. Sie sind für die Kontrolle der anderen Meridiane zuständig, wobei das Lenkergefäß über die Yang-Organe, das Zentralgefäß über die Yin-Organe wacht.

Jeder Meridian trägt auch eine Benennung nach einem Yin- oder Yang-Aspekt. Dieser schreibt den Meridianen eine Energie-Fließrichtung zu. Sogenannte *Yin-Meridiane* leiten das Qi von den Zehen zum Körperstamm und von dort zu den Fingern. *Yang-Meridiane* verlaufen von den Fingern zum Gesicht und vom Gesicht zu den Zehen. Generell verlaufen die Yin-Meridiane innen und die Yang-Meridiane außen am Körper.

Die Aufgaben der *Yin-Organe* Leber, Herz, Milz, Lungen und Nieren sind Produktion, Transformation, Regulation und Speicherung der reinen Energie grundlegender Substanzen wie Qi, Blut, Körpersäfte, Essenz und Geist. Sie haben in der Regel keinen Hohlraum und werden als Speicherorgane bezeichnet. Milzmeridian, Nierenmeridian und Lebermeridian ziehen dabei über die Innenseite des Beins hinauf zur Brust. Lungenmeridian, Herzmeridian und Pericardmeridian ziehen vom Brustbereich über die Innenseite des Arms bis zu den Fingerspitzen.

Die *Yang-Organe* Harnblase, Gallenblase, Magen, Dünn- und Dickdarm sind dafür zuständig, Nahrung zu verdauen, nützliche Bestandteile zu absorbieren und die Abfallstoffe weiter zu transportieren oder auszuscheiden. Sie haben es mit unreinen Substanzen zu tun wie unverdauter Nahrung, Urin und Abfallstoffen. Es handelt sich hierbei um Hohlorgane. Dickdarmmeridian, Dünndarmmeridian und Dreifach-Erwärmermeridian ziehen dabei von den Fingerspitzen über die Außenseite des Arms zum Kopf. Magenmeridian, Blasenmeridian und Gallenblasenmeridian ziehen vom Kopf nach unten zum Fuß.

Die Yin- und Yang-Meridiane bilden zusammen eine Art Kreislauf für das Qi. Jeder Yin-Meridian steht daher unmittelbar in Beziehung mit einem Yang-Meridian und dem dazugehörigen Organ. Gemeinsam bilden sie ein sogenanntes Meridianpaar.

Die Meridianpaare sind:

- Nierenmeridian und Blasenmeridian
- Lebermeridian und Gallenblasenmeridian
- Milzmeridian und Magenmeridian
- Lungenmeridian und Dickdarmmeridian
- Herzmeridian und Dünndarmmeridian
- Pericardmeridian und Dreifach-Erwärmermeridian.

Die Meridianpaare lassen sich auch den – nach chinesischer Tradition – fünf Elementen zuordnen, wobei Nieren- und Blasenmeridian für Wasser stehen, Leber- und Gallenblasenmeridian für Holz, Milz- und Magenmeridian für Erde, Lungen- und Dickdarmmeridian für Metall, Herz-, Dünndarm-, Pericard- und Dreifach-Erwärmermeridian für Feuer.

Die Meridiane werden entsprechend der fünf Elemente nacheinander durchflossen. Sie ergeben so einen Kreislauf, der im Laufe eines Tages komplett durchströmt wird. So erreicht jeder Meridian – und damit auch das entsprechende Organsystem – jeweils zu einer bestimmten Tageszeit für zwei Stunden einen maximalen Energiewert. Wann das genau der Fall ist, kann man auf der sogenannten Organuhr nachlesen.

## *Die Meridiane im Detail*

Der *Nierenmeridian oder „Wurzel des Lebens"* ist ein Yin-Meridian mit 27 Meridianpunkten. Die Symptome einer Funktionsstörung sind Erschöpfung, Schwäche, Abmagerung, Hormonstörungen, Menstruationsstörungen, Nierensteine, Herzschwäche, Schlafstörungen, Bettnässen, plötzliche Schweißausbrüche, niedriger Blutdruck, Durchfall, Unfruchtbarkeit, Lustlosigkeit, geringes Selbstbewusstsein, heisse oder kalte Füsse, Ängstlichkeit, Pessimismus, und Schwarzmalerei

Der *Blasenmeridian oder „Organisator des Lebens"* ist ein Yang-Meridian mit 67 Meridianpunkten. Symptome einer Funktionsstörung sind Blasenschwäche, Harndrang- oder Harnentleerungsstörungen, Kopfschmerzen, Rückenschmerzen, Ischias, schwache Knöchel, Fersenschmerzen, Wadenkrämpfe, Kälteempfindlichkeit, Gleichgewichtsstörungen, Konzentrationsschwäche, Spannungen im Kieferbereich, Impotenz, Frigidität, Nervosität und Ängstlichkeit

Der *Lebermeridian oder „Brücke zwischen Irdischem und Göttlichen"* ist ein Yin-Meridian mit 14 Meridianpunkten. Symptome einer Funktionsstörung sind Asthma, Aggressivität, Schüchternheit, Schwindel, Blähungen, Gemütsschwankungen, Wutausbrüche, Prämenstruelles Syndrom, Impotenz, Prostataerkrankungen, Hämorrhoiden, Muskel- und Sehnenverhärtung, mangelnde Beweglichkeit und Gelenksprobleme

Der *Gallenblasenmeridian* ist wieder ein Yang-Meridian. Auf ihm liegen 44 Meridianpunkte. Symptome einer Funktionsstörung sind häufig negative Emotionen (Wut, Hass), Jähzorn, Verurteilung, Kopfschmerzen, Migräne, Schilddrüsenvergrößerung, Augenprobleme, Stoffwechselprobleme, Gallensteine, Koliken und Zahnfleischprobleme

*Der Herz-Meridian* ist ein Yin-Meridian mit 9 Meridianpunkten. Symptome einer Funktionsstörung sind Schulter- und Brustschmerzen, Herzprobleme, Schwindel, Blutdruckschwankungen, Zahnfleischbluten, Nachtschweiss, Schlafstörungen, Blässe, Stottern, Nervosität, Ruhelosigkeit, Unruhe und Willensschwäche

Der *Dünndarm-Meridian* ist ein Yang-Meridian mit 19 Meridianpunkten. Symptome einer Funktionsstörung sind Schulter- und Armbereichsprobleme, Nackenverspannungen, Verdauungsstörungen, Darmkrämpfe, Durchfall, Gerstenkorn, Ohrerkrankungen, Nasennebenhöhlenbeschwerden, Empfindlichkeit, Übersensibilität, die Tendenz, sich alles zu Herzen zu nehmen, Überforderung durch Familie und Arbeit, Epilepsie und Psychosen

Der *Milz-Meridian oder „Milz-Pankreas-Leitbahn"* ist ein Yin-Meridian mit 21 Meridianpunkten. Symptome einer Funktionsstörung sind Verdauungsprobleme, Blähungen, Über- und Unterzuckerung, Appetitlosigkeit, Übergewicht, Essstörungen, Magensenkungen, Beinödeme, Muskelschwäche, Krampfadern, schwaches Bindegewebe, hormonelle Probleme, Immunschwäche, Hautveränderungen, Menstruationsunregelmässigkeiten, Müdigkeit, Mattigkeit, Schwächegefühle, Konzentrationsschwäche und Erschöpfungszustände

Der *Magen-Meridian* ist ein Yang-Meridian mit 45 Meridianpunkten. Symptome einer Funktionsstörung sind Schulterprobleme, Verdauungsprobleme, Störungen der Brustdrüsen, Probleme mit den Eierstöcken, Allergien, Halsschmerzen, Zyklusstörungen, Nahrungsmittelallergien, Zahnprobleme (besonders Schneide- und Eckzähne), Zähneknirschen, Müdigkeit, Trägheit, Erschöpfung, Reizbarkeit und Neurosen

Der *Lungen-Meridian* ist wieder ein Yin-Meridian. Auf ihm liegen 11 Meridianpunkte. Symptome einer Funktionsstörung sind Verspannungen, Atemprobleme, Kurzatmigkeit, Infektanfälligkeit, schwaches Immunsystem, Hauterkrankungen, Schulter- und Rückenschmerzen, Lungenkrankheiten, Durchblutungsstörungen, Schlaflosigkeit, Nervenzusammenbrüche, Depressionen und Selbstmitleid

Der *Dickdarm-Meridian* ist ein Yang-Meridian mit 20 Meridianpunkten. Symptome einer Funktionsstörung sind Fehlstellungen der Beine (X und O), Knieprobleme, Kreuzschmerzen, Darm- und Verdauungsprobleme, Mundgeruch, Migräne, Trigeminusneuralgie, Zahnschmerzen, Tennisarm, Halswirbelsäulenbeschwerden, Lähmungen, Menstruationsprobleme, Allergien, häufige Erkältungen, Vereinsamung, Ruhelosigkeit und nicht loslassen Können

Der *Perikard-Meridian (= Kreislaufmeridian)* ist ein Yin-Meridian mit 17 Meridianpunkten. Symptome einer Funktionsstörung sind Herzprobleme, Angina pectoris, Hitzewallungen, ein rotes Gesicht, hoher Blutdruck, Sexualstörungen, Impotenz, Kreislaufprobleme, Übelkeit und Erbrechen, Prostata-Erkrankungen, Gallenblasenprobleme, Ruhelosigkeit, Schlaflosigkeit, Übererregbarkeit, manische Verstimmungen, Epilepsie und Ohnmacht.

Der *Dreifach-Erwärmer-Meridian* schließlich ist wieder ein Yang-Meridian. Auf ihm befinden sich 23 Meridianpunkte. Symptome einer Funktionsstörung sind Knie- und Hüftgelenksprobleme, Unterleibsschmerzen, Instabilität der Gelenke, Lymphstau, Kreislaufprobleme, Schilddrüsenprobleme, Tinnitus, Wetterfühligkeit, Asthma, Nebennierenprobleme, Myome und Zysten, Erschöpfung und Abgrenzungsprobleme

Die folgenden beiden Sondermeridiane sind die ersten, die schon im Mutterleib gebildet werden. Die restlichen 12 Meridiane entspringen aus ihnen.

Das *Zentral- oder Konzeptionsgefäß* ist die „Mutter aller Yin-Meridiane". Es entspringt aus der Gebärmutter bzw. bei Männern tief im Abdomen und kommt im Bereich des Damms an die Oberfläche. Dort angekommen läuft der Meridian nach oben in Richtung des Schambeins, dann weiter entlang der Körpermittellinie nach oben zur Mitte des Brustbeins, schließlich weiter über den Hals zu den Lippen, welche er umkreist, um sich dann mit dem Magenmeridian zu treffen. Eine Störung in diesem Meridian zeigt sich durch Wirbelsäulenprobleme, Verspannungen im Hinterkopf- und Nackenbereich, Inkontinenz und andere Blasenprobleme, Probleme mit der Gebärmutter und mit Empfängnis. Ist der Meridian ausgeglichen, verfügt man über eine gute Nieren-Essenz, eine Harmonie in Blut und Yin-Energie sowie einen ausgeglichenen Geist.

Das *Lenker- oder Gouverneursgefäß* ist die Quelle aller Yang-Meridiane. Auch dieses entspringt in der Gebärmutter, bzw. beim Mann im tiefen Abdomen, und kommt im Bereich des Damms an die Oberfläche. Danach verläuft es entlang der Wirbelsäule nach oben bis zum Nacken, wo es sich in einer Abzweigung mit dem Gehirn verbindet. Weiter steigt der Meridian dann nach oben zur höchsten Stelle des Kopfes, läuft über die Mitte der Stirn und das Gesicht nach unten zur Oberlippe, wo er sich mit dem Konzeptionsgefäß verbindet. Eine Blockade zeigt sich durch Wirbelsäulenprobleme und Kopfschmerzen. Ein harmonischer Energiefluß zeigt sich in einem gesunden Rücken, einer starken und flexiblen Wirbelsäule und einer guten Versorgung des Gehirns.[4]

---

[4] Quellen: Mike Mandl: „Meridiane. Landkarten der Seele", Bacopa-Verlag, 2020
Daniela Sainitzer An Aibja: „Meridiane im Körper – Krankheiten verstehen, Selbstheilungskräfte aktivieren und endlich gesund werden" tradition-Verlag 2023

# Was ist Energiearbeit?

Wie sind nun all diese Informationen über Energie und das menschliche Energiesystem praktisch und im Rahmen unterschiedlicher energetischer Methoden anwendbar? Diese Frage führt uns in den Bereich der sogenannten Energiearbeit.

Unter Energiearbeit versteht man Behandlungsformen, die mit den unsichtbaren Energien in und um uns herum zum Wohl des Menschen und seiner körperlichen, psychischen und geistigen Gesundheit arbeiten. Dabei spielt es keine Rolle, ob hier allgemein von Energie, von Chi und Prana, oder von Reiki, Body Healing, Cranio Sacral Balancing, Kahi Healing, Chakrenarbeit oder einer anderen Methode gesprochen wird.

Immer geht es um eine ganzheitliche Herangehensweise und eine Arbeit mit den feinstofflichen Ebenen, die in und um unseren Körper wirken, mit dem Ziel, die Energieströme im System zu reinigen und zu harmonisieren. Dadurch ergibt sich die Möglichkeit, die Selbstheilungskräfte zu aktivieren, angenommene Glaubenssysteme, schmerzvolle Erinnerungen, Traumata und deren Auswirkungen auf unterschiedliche Ebenen unseres Energiesystems zu erkennen und im besten Fall loszulassen und zu heilen.

Die Methoden der herkömmlichen Psychologie und der Schulmedizin stoßen, da sie nur bestimmte Aspekte der menschlichen Existenz beim Versuch, Probleme zu lösen, mit einbeziehen, oft an ihre Grenzen. In den wenigsten Fällen dringen sie – durch eine eher oberflächliche, die leicht zugänglichen Symptome schnellstmöglich „wegmachen" wollende Betrachtungs- und Herangehensweise (und sicher auch durch Zeitmangel angesichts voller Wartezimmer) – bis zur Ursache eines Problems vor. Man untersucht den Körper, verschreibt vielleicht ein Medikament, oder versucht durch Verhaltens- oder Gesprächstherapie auf der psychischen Ebene etwas zum Positiven zu verändern. Der Mensch in seiner Ganzheit als ein Wesen aus Körper, Psyche, Geist und Seele und einer Anbindung an spirituelle Dimensionen wird dabei kaum untersucht, geschweige denn gesehen.

Ohne eine Erforschung, Entdeckung und letztlich – im Idealfall – Lösung der Ursachen eines wie auch immer gearteten Problems ist eine nachhaltige Verbesserung jedoch kaum möglich. Der Begriff des Menschen als ganzheitliches Wesen ist daher die Grundlage der Energetik und der unterschiedlichsten Behandlungsmethoden und als solche kann sie auch ärztliche und psycho-therapeutische Anwendungen wunderbar und sehr erfolgreich unterstützen. Dass man als Energetiker/in lebenslang forscht und immer weiter bestrebt ist, das Leben und den Menschen mit allem, was diese ausmacht, immer tiefer zu erfassen und mit einem liebenden Herzen zu verstehen, ist damit eine Selbstverständlichkeit – und sollte es auch sein! Wer aufhört zu lernen und sich zu entwickeln, bleibt stehen. Wer selbst und im Austausch mit seinen Klienten lebenslang weiterwächst, ist dagegen auf dem besten Weg – dem eigenen Seelenweg …

# Energetik als Gewerbe (ursprünglich: EnergetHik)

Anfang der 1990er Jahre ergriff der Direktvermarkter Johannes Mondel, der auch diverse energetische Methoden praktisch anwandte, die Initiative, die Energetik als Gewerbe bei der WKO Wien (Wirtschaftskammer Österreich) aufzubauen.

Es folgten zahlreiche Treffen in der Wirtschaftskammer und anderen Lokalitäten, Diskussionsrunden über die in das Gewerbe einzuschließenden bzw. nicht zugehörigen Methoden, über Ethik für EnergetikerInnen und anderes mehr.

Aus der ursprünglichen Idee – und Überzeugung sowohl des Initiators als auch vieler energetisch Arbeitender – , dass Energie sowohl bei Mensch, als auch Tier und Raum wirkt, ergab sich zu guter Letzt (entsprechend dem Zeitgeist) eine Trennung in Humanenergetik, Tierenergetik und Raumenergetik verbunden mit den jeweiligen, neu kreierten Ausbildungsangeboten und den darauf abgestimmten Gewerbewortlauten.

Aus der Bezeichnung „EnergetHik" – in Bezugnahme auf die nach langen Diskussionen aufgestellten Ethikregeln für EnergetikerInnen – wurde schließlich das freie Energetikergewerbe im Fachverband der gewerblichen Dienstleister mit dem genauen Wortlaut

„Hilfestellung zur Erreichung einer körperlichen bzw. energetischen Ausgewogenheit

- mittels der Methode von Dr. Bach,
- mittels Biofeedback oder Bioresonanz,
- mittels Auswahl von Farben,
- mittels Auswahl von Düften,
- mittels Auswahl von Lichtquellen,
- mittels Auswahl von Aromastoffen,
- mittels Auswahl von Edelsteinen,
- mittels Auswahl von Musik,
- unter Anwendung kinesiologischer Methoden,
- mittels Interpretation der Aura,
- mittels Magnetfeldanwendung,
- durch sanfte Berührung des Körpers bzw. gezieltes Auflegen der Hände an bestimmten Körperstellen,
- mittels Cranio Sacral Balancing"

2014 wurden von der Wirtschaftskammer Standesregeln für Humanenergetik festgelegt, die Berufsethik, Führung eines Klientenaktes, standesgemäßes Verhalten, Berufsbezeichnung und Werbung sowie eine Abgrenzung von diversen reglementierten Gewerben wie z.B. Massage, Psychologie, Psychotherapie, Physiotherapie, Lebens- und Sozialberatung und von den Ärzten vorbehaltenen Tätigkeiten beinhalten. Da es sich um ein freies Gewerbe handelt, müssen keine Ausbildungen nachgewiesen werden, was allerdings insofern bedenklich sein kann, als auch Wochenendkurse in diesem Bereich angeboten werden, nach deren Absolvierung das Erlangen eines Gewerbescheins möglich ist. Es genügt, bei der Eintragung des Gewerbescheins die angewandten Methoden aufzulisten.

2020 wurde der Methodenkatalog noch wie folgt ergänzt:

- mittels Berücksichtigung der Auswirkungen der energetischen Geometrie und Lichtphysik,

- mittels Numerologie,

- mittels Berücksichtigung von Planetenkonstellationen und lunaren Energien (nicht beinhaltet: die Erstellung und Interpretation von Horoskopen)

# Mein Weg in die Energetik

Ein kleiner Ausflug in Persönliches

Manche Wege sind wundersam – zuerst von den Eltern vorgegeben in dem Bestreben, ihren Kindern ein Leben in Sicherheit und Glück zu ermöglichen, dann jedoch ein ganz anderer, wohl von einer höheren Macht geführter Verlauf …

Eine Kindheit geprägt von der mühsamen Nachkriegsaufbauarbeit beider Eltern und dem Einfluß der Kriegstraumata und harten Kindheit des Vaters – Arbeit, Strenge, Härte, Stress, Angst. Weder Zeit noch Verständnis für emotionale Bedürfnisse – die eigenen ebensowenig wie die der Kinder …

Als Folge davon: eine sehr früh beginnende Auseinandersetzung und ein Hinterfragen des Erlebten mit dem Ziel, sich besser zu fühlen. Fort aus dem Elternhaus in eine andere Stadt und erste Therapie bereits mit 18. Beginn eines Fremdsprachenstudiums um den von den Eltern vorgeschlagenen Weg einzuschlagen.

Schon damals jedoch – und das wurde erst viele Jahre später im Rückblick sichtbar – galt das Hauptinteresse der Psychologie (der ganze Freundeskreis setzte sich aus Psychologen zusammen). Mäßige Fortschritte und Begeisterung im Studium mit der Aussicht, in das gängige Schulsystem als Lehrerin einzusteigen. Daneben 5 Jahre Arbeit in einer Kunstgalerie.

Eine neue Perspektive ergab sich durch den Kontakt mit der Steinerschule in Wien-Mauer und mit dem Beginn einer Lehrerausbildung auf diesem Sektor, in deren Verlauf auch zum ersten Mal die Idee von Reinkarnation auftauchte und eine neue Tür im Gedankengebäude geöffnet wurde.

Mit der Geburt der ersten Tochter begann auch das Interesse für Astrologie und in weiterer Folge für Bachblütentherapie, die in eine Ausbildung für Bachblüten- und Aromatherapie im Jera-Zentrum Wien mündete. Dann einige Jahre Teilnahme an dem Seminarzyklus „Alchemie des Herzens" mit Günther Vetter und Ulrike Gartler, die – für mich völlig überraschend – in einen Abschluß als Meditationstherapeutin mündete.

Der Weg, der völlig absichtslos, nur der eigenen Faszination folgend, und um des eigenen Wohlbefindens und desjenigen der Kinder willen eingeschlagen worden war, wurde immer deutlicher. Es folgten über die Jahre verteilt alle Reiki-Grade bei Ulrike Gartler, eine Channeling-Ausbildung bei Alice Drott und Markus Trapple, und eine Ausbildung zur Essence Trainerin bei Kabir Jaffe und Ritama Davidson. Schließlich Beteiligung am Aufbau des Energetikergewerbes bei der Wirtschaftskammer Wien, Gründung und Management des Meditationszentrums „Mandragora“ in Wien-Meidling, Vorträge und Seminare an Volkshochschulen und im privaten Rahmen, Entwicklung von Naturkosmetik-Produkten mit dem Namen „Amyris-Lust auf Duft“ und zu guter Letzt – nach 2-jährigem Kampf um die damals noch erforderliche Gewerbeberechtigung – 2003 die Gewerbeanmeldung für Energetik und Naturkosmetik-Herstellung.

Es ist und bleibt ein Weg, der so niemals geplant hätte werden können, und der immer noch erfüllend, erweiternd und voller Abenteuer ist. Es war und ist ein Weg, für den ich – mir selbst für mein Durchhaltevermögen und das Vertrauen in meine Intuition, und dem Universum für seine Führung – unendlich dankbar bin.

# Die Methoden (Synergie, eine Tür für jeden Geschmack, …)

Energetische Methoden gibt es inzwischen fast „wie Sand am Meer" – und jede Energetikerin, jeder Energetiker hat ihre/seine Schwerpunkte. Wie kommt es dazu?

Zunächst folgt man bei der Suche nach möglichen Ausbildungen wahrscheinlich dem, was einen interessiert, was einen anspricht, oder auch, wo die Intuition einen hinführt. Man orientiert sich an Vortragenden und Lehrern, an Dauer und Kosten von Kursen und Seminaren.

Oder aber man vertieft sich – wie es bei mir zunächst der Fall war – in seiner Freizeit in ein Wissensgebiet, erlebt seine Faszination und seine Möglichkeiten für das Verständnis von Mensch, Kosmos und deren Zusammenhänge, vor allem aber auch für sich selbst.

Letzteres war mein Einstieg in die Materie, zunächst ohne daran zu denken, das Erlernte auch einmal praktisch und als Beruf anzuwenden.

Und nachdem das Alphabet ja bekanntlich mit A anfängt, begann auch mein Weg mit der Astrologie. Die ganze Familie wurde durchanalysiert und je mehr ich mich mit der Materie beschäftigte, desto größer wurde die Begeisterung.

Anfangs steht – oder sitzt – man dabei, mit der Zeit etwas überfordert, vor einer Fülle einzelner Bestandteile und ihrer möglichen Bedeutungen. Diese genau zu kennen ist für AnfängerInnen auf diesem Gebiet natürlich von großer Wichtigkeit. So entdeckt man zunächst die Sternzeichen, die Planeten, die Eckpunkte eines Horoskops und was und wie sie sich ausdrücken können. Bis man jedoch in die Lage kommt, all diese Einzelteile sinnvoll miteinander zu verbinden und entsprechend zu gewichten, sind – vor allem für Autodidakten – viele weitere Stunden der Auseinandersetzung mit der Materie vonnöten.

Konzentriert man sich dabei auf das eigene Geburtshoroskop, entdeckt man Eigenschaften an sich selbst, die bis dahin – weil völlig unbewusst – auch nicht gelebt wurden: ein neuer und sehr wichtiger Schritt auf dem „Weg zur Ganzheit" …

# Astrologie also –

Um sich diesem sehr umfassenden Bereich anzunähern, wollen wir zunächst folgende Fragen stellen und nach Möglichkeit allgemein verständlich beantworten:

Was ist Astrologie?
Was wissen wir über ihre Geschichte?
Was kann Astrologie?
Was ist und kann sie nicht?
Welche Methoden gibt es?
Was sind die Voraussetzungen für einen
guten Astrologen/eine Astrologin?
Welche Hilfe bietet sie in der energetischen
Praxis?

## *Was ist Astrologie?*

Übersetzt man den Begriff aus dem Griechischen, so versteht man darunter die „Lehre von den Sternen" (astron=Stern und logos=Lehre).

Kurz und prägnant dazu ein paar einführende Feststellungen:

Astrologie ist

- ein Jahrtausende altes System des Erkennens und Interpretierens von Zusammenhängen zwischen Erde und Kosmos

- ein Bild energetischen Geschehens zu einem bestimmten Zeitpunkt an einem bestimmten Ort

- ein System von Entsprechungen, die in Form von Symbolen zum Ausdruck kommen

- ein System, das auf analogem (= ganzheitlichem) Denken, nicht auf dem Ursache-Wirkungs-Prinzip, sondern auf dem Resonanz-Prinzip beruht

- eine „weibliche" = die rechte Gehirnhälfte gebrauchende Erfahrungs-wissenschaft

- ein sehr vielfältiges und komplexes Instrument der Selbsterkenntnis und der Erkenntnis des Menschen und seiner Einbettung in kosmische Zusammen-hänge

- eine Möglichkeit der Erkenntnis von Zeitqualitäten und ihren vorherr-schenden Energien

## Die Geschichte

So wie in vielen alten Kulturen die großen „Himmelslichter" Sonne und Mond von überragender Bedeutung für das tägliche Leben waren, so geheimnisvoll erschienen den Menschen damals auch die vielen Lichter am nächtlichen Himmel. Die Initialzündung für die Entstehung eines Systems, das es ihnen erlauben würde, die lange Zeit als Botschaften der Götter verstandenen Himmelsereignisse zu begreifen, war wohl das Bedürfnis, der in ihren Augen übermächtigen Natur Gesetzmäßigkeiten abzuringen, um ihr gesellschaftliches, politisches und persönliches Leben bestmöglich auf die äußeren Gegebenheiten abzustimmen.

Astronomie und Astrologie, die ursprünglich nicht voneinander getrennt waren und meistens von Priestern ausgeübt wurden, waren also eine Kombination von Wissensdurst und Erwägungen praktischen Nutzens für das tägliche Leben.

Da es zum Zeitpunkt ihrer Entstehung und lange danach keine Fernrohre gab, konnte nur das menschliche Auge als Beobachtungsinstrument dienen. Die ersten Astrologen oder „Sterndeuter" beobachteten also die Erscheinungen am Himmel und stellten dabei fest, dass es Zusammenhänge zwischen diesen und bestimmten Ereignissen gab, die in der Natur und in ihrer persönlichen Umgebung stattfanden.

So wiesen z.B. Kinder, die in einem bestimmten Zeitabschnitt geboren wurden, bestimmte gemeinsame Eigenschaften auf oder manche Geschehnisse kamen zu bestimmten Zeiten öfter vor als andere. Günstige Zeiten für Saat und Ernte, für Krönungen, Feste, Rituale u.a.m. konnten so bestimmt, der mögliche Ausgang von Schlachten, politischen Entscheidungen etc. vorausgesagt werden.

Mit dem Aufkommen der Hochkultur im Zwischenstromland (Mesopotamien) gegen Ende des 5.Jahrtausends v. Chr. begann man also, den Nachthimmel genauer zu beobachten und die von der Erde aus sichtbaren Bewegungen der Gestirne aufzuzeichnen. Das Weltbild war zu dieser Zeit ein geozentrisches, d.h. man stellte sich die Erde als den Mittelpunkt vor, um den sich Sonne, Mond und Sterne kreisförmig bewegten.

Ein Kreis mit Unterteilungen bot sich an, um die gemachten Beobachtungen aufzuzeichnen. Neben einem Standpunkt auf der Erde (in der Mitte des Kreises) brauchte man auch Fixpunkte am Himmel und so schufen die Priester und Astronomen Mesopotamiens den heute auch jedem astrologischen Laien bekannten Tierkreis (= Sternzeichen).

Dieser Tierkreis besteht aus Gebilden von so genannten Fixsternen, also Himmelskörpern, die von der Erde aus gesehen und mit freiem Auge beobachtet, den Eindruck eines weitgehend fixierten Standorts erwecken, auch wenn wir heute wissen, daß es nichts Festes im Universum gibt.

Um diese Fixpunkte gruppierten sich andere Himmelslichter und es entstanden Gebilde, denen man in Anlehnung an damals bekannte Formen, Muster, Gesichter, natürliche und übernatürliche Wesen, die man am Himmel wahrzunehmen meinte, entsprechende Namen gab.

Vor dem Hintergrund dieser Fixsterngebilde beobachteten und dokumentierten die Alten die Bewegungen der Himmelskörper und stellten Beziehungen her zwischen der irdischen und der kosmischen Ebene. Der Kreis mit seinen mehrfach teilbaren 360° bot sich als geeignetes Raster an, um die Beobachtungen in 2-dimensionaler Form darzustellen.

Anfangs entstand daraus ein Mondkalender mit 28 Unterteilungen, da der Mond mit seinen wechselnden Phasen einen gefühlt größeren Einfluß auf das tägliche Leben hatte als die Sonne. Erst später wurde auch diese in die Betrachtungen einbezogen.

Das in Ablösung des Mondkalenders später verbreitete Sonnenjahr entsprach dann der sichtbaren Rotation der Sonne um 360 Grad. Diese Zahl läßt sich präziser in 12 Tierkreismonate zu 30 Tagen einteilen, so daß jedes Tierkreiszeichen einen 30-Grad-Winkel bildet, in dem die Sonne einen Grad pro Tag zurücklegt.

Die 12 Abschnitte bestehen aus 4 Dreiergruppen, die den Jahreszeiten, beginnend mit dem Frühjahr, entsprechen, wobei der Kreis von 360 Grad sozusagen eine Panorama-Karte des Himmels darstellt, d.h. es wird auch der Teil des Himmels dargestellt, der sich zu einem gegebenen Zeitpunkt auf der anderen Seite der Erde befindet.

Zur Zeit der Entstehung des Tierkreises gab es nur 7 mit freiem Auge sichtbare und daher bekannte Planeten – Sonne und Mond, die genaugenommen keine Planeten sind, dazu Merkur, Venus, Mars, Jupiter, und Saturn. Jedem dieser Himmelskörper wurde ein Tag zugewiesen (womit dann die Wochentage feststanden) und auch diese wurden in das vorbereitete Schema eingetragen. Das „Horoskop" (von griech. „horos-kopein" = in die Stunde schauen) war geboren.

Der Tierkreis, wie wir ihn heute kennen, nahm dann gegen Anfang des zweiten Jahrtausends v.Chr. Gestalt an – er ist auf Tafeln der Chaldäer abgebildet. In unterschiedlichen Formen kommt er in allen Kulturen zu allen Zeiten vor.

Die restlichen, heute in der Astrologie geläufigen Planeten (Uranus, Neptun, Pluto) wurden erst später – nach Aufkommen von Fernrohren und Teleskopen - entdeckt und zwar jeder in Zusammenhang mit einem weltweit bedeutenden Ereignis. So entdeckte man z.B. Pluto (der inzwischen als „Zwergplanet" zurückgestuft wurde) zu der Zeit, als die Atombombe erfunden wurde, oder den Planetoiden Chiron (auch als der „verletzte Heiler" bezeichnet) zur Zeit, als das Thema Umweltverschmutzung und unsere Erde als ein verletzlicher und verwundeter Planet ins allgemeine Bewußtsein drang (1977).

Das beschriebene, Jahrtausende alte Schema ist auch heute noch Grundlage astrologischer Ausarbeitungen und Aufzeichnungen, selbst wenn es mittlerweile unterschiedliche Unterteilungssysteme und zahlreiche Interpretationsansätze gibt.

Hier ein Beispiel eines sogenannten Radix (von lat. „Wurzel") als Abbild eines energetischen Geschehens zu einer bestimmten Zeit an einem bestimmten Ort, in das ein Mensch hineingeboren wird, um sich mit den bestehenden Energien auseinanderzusetzen, seine Lernerfahrungen zu machen und seine Talente zum Ausdruck zu bringen.

In der Mitte ist die Erde dargestellt, im sie umgebenden kleinen Kreis die Nummerierung der sogenannten Häuser, die für einzelne Lebensbereiche stehen. Am äußeren Rand dieser Häuser die Symbole der Planeten und im großen Außenkreis die Symbole der Sternzeichen. Die fettgedruckten Linien stellen sogenannte Eckpunkte dar, darunter auf der linken Seite den Aszendenten.

## *Astrologie als System*

Es handelt sich also – wie aus der Entstehungsgeschichte der Astrologie ersichtlich, um ein System, das es erlaubt, das eingebettet Sein des Menschen in kosmische Zyklen zu erforschen und zu verstehen. Es ist sozusagen ein Spiegel, in dem wir uns selbst erkennen können und aus dem die Erkenntnis, dass Mikrokosmos und Makrokosmos einander entsprechen, ablesbar ist.

Wir werden nicht – wie in Unkenntnis der Materie häufig angenommen wird – von den Sternen beeinflusst, woraus dann in der Regel abgeleitet wird, dass es sich um etwas Unwissenschaftliches und an den Haaren Herbeigezogenes handelt. Vielmehr ist Astrologie ein System der Entsprechungen, aus dem klar wird – so man denn auch bereit ist, sich in der Tiefe damit zu beschäftigen – dass alles mit allem verbunden ist. Die Energien, die zu einem bestimmten Zeitpunkt an einem bestimmten Ort vorherrschen, symbolisieren die Möglichkeiten, Herausforderungen und Aufgaben, die uns für unser Leben in dieser Inkarnation angeboten bzw. gestellt werden.

Auch der erst in jüngerer Zeit aufgekommene Streit zwischen Astronomen und Astrologen beruht auf der Verwechslung der Sternbilder am Himmel mit den Tierkreiszeichen. Während die Sternbilder feststehen, verändert sich der Beginn des Tierkreises (= Frühlingspunkt) langsam, so dass sich heute die Tierkreiszeichen an anderen Stellen befinden als die Sternbilder (es handelt sich um eine Verschiebung um fast ein Sternbild). Das stellt aber das astrologische System nicht grundsätzlich in Frage, denn der Tierkreis ist nur eine Lesehilfe, die für die Beobachtung der Bewegungen der Himmelskörper und zur Feststellung ihrer Position hilfreich ist.

Es handelt sich somit nicht um eine Wissenschaft im heute gebräuchlichen Sinn – und ist daher auch nicht mit den heute gebräuchlichen Forschungsmethoden erfassbar, sondern um etwas, das man als Erfahrungswissenschaft bezeichnen könnte. Es ist ein System, das nicht mit logischem Denken erfassbar ist, sondern ein Symboldenken voraussetzt, ein Verständnis von Entsprechungen anstelle von Kausalitäten. Die Forschungsergebnisse dieser Disziplin haben Eingang gefunden in den kollektiven, archetypischen Bereich und funktionieren daher auch vor diesem Hintergrund. Ihr zugrunde liegt das Resonanzprinzip – das Prinzip, dass Ereignisse im Kleinen immer eine Entsprechung im Großen haben und umgekehrt (Mikrokosmos = Makrokosmos). Sie ist somit eher als Kunst zu bezeichnen, denn als Wissenschaft, und fordert auch von denen, die sie verwenden, die Fähigkeit, Zusammenhänge herzustellen, vom Prinzip aufs Detail zu schließen und Symbole zu deuten. Sie fordert Kreativität und Intuition.

### *Was kann Astrologie?*

Astrologie ist – wie viele andere wertvolle Ansätze zum Verständnis vom Wesen des Menschen und der Energien, in die er hineingeboren wird – ein sehr umfangreiches System. Wöchentliche Vorhersagen in Printmedien sind ebensowenig auf jeden einzelnen, in einem bestimmten Sternzeichen Geborenen anwendbar, wie häufig getätigte Aussagen zu den angeblich typischen Eigenschaften von Widder, Stier oder Fisch.

So komplex wie das Wesen eines Menschen ist auch zum Beispiel sein Geburtshoroskop mit allen Planetenstellungen und Aspekten. Nur wer sich in der Tiefe damit beschäftigt, kann gültige Aussagen machen. Und selbst dann gibt es immer noch den freien Willen, d.h. eine Konstellation steht für eine gewisse Bandbreite an Möglichkeiten. Sie ist sozusagen die Blaupause einer bestimmten Energie und kann – mit sämtlichen Zwischentönen – auf positive oder negative Weise gelebt werden. Dies ist immer die Entscheidung des jeweiligen Menschen und seine persönliche Freiheit.

Kurz gefasst kann Astrologie also
- Aussagen machen über Potentiale, Möglichkeiten, Zeitqualitäten
- Aussagen machen über das „Was", aber nicht über das „Wie"
- Hilfestellung bieten, um sich auf Zeitqualitäten einzustellen
- Hilfestellung bieten bei Selbsterkenntnis und Selbstannahme
- Hilfestellung bieten beim Verständnis Anderer und des oft ganz Anderen in den Mitmenschen
- Vorhersagen treffen in Bezug auf kommende Energien und deren Herausforderungen bzw. Potentiale
- Uns auf einer lebenslange Entdeckungsreise schicken

Sehen wir uns z.B. ein Geburtshoroskop an, so können wir das Raster erkennen, innerhalb dessen unsere Seele gewählt hat, sich in Freiheit und Selbstverantwortung zu entwickeln, Lernaufgaben zu bewältigen und Talente zu leben. Wir können Aussagen machen über Schwierigkeiten und Herausforderungen eines Menschen oder über seine Grundenergie. Wir können aber auch uns selbst und manchmal sogar Seiten an uns entdecken, die uns lange Zeit unbekannt waren, und diese in der Folge bewusster und mit mehr Selbstvertrauen leben.

Mit all diesen Dingen werden wir geboren und sind dennoch nicht für den Rest unseres Lebens darauf festgelegt. Tatsache ist, Horoskope entwickeln sich auch weiter – was durch unterschiedliche Methoden (wie z.B. eine Darstellung von „Transiten" oder „Direktionen") sichtbar gemacht werden kann. Zu bestimmten Zeitpunkten oder über längere Zeitabschnitte hinweg werden Konstellationen „ausgelöst" und bieten sich als Möglichkeit an, sich mit bestimmten Themen verstärkt auseinanderzusetzen, Erkenntnisse daraus zu gewinnen, und Schwieriges eventuell aufzulösen. Es empfiehlt sich allerdings nicht, sich entdeckten Konstellationen sklavisch unterzuordnen, indem man – wie es, besonders bei Menschen, die den „Sternen" zu viel Macht einräumen, manchmal vorkommt – gar nicht aus dem Haus geht, wenn z.B. der Planet Mars, der u.a. für mögliche Unfälle steht, „schlecht gestellt ist".

Eine Beschäftigung mit Astrologie kann also Selbsterkenntnis und Selbstannahme ebenso unterstützen wie das Verständnis des oftmals so ganz Anderen im Mitmenschen, denn in der Auseinandersetzung mit ihr erkennen wir, daß jeder

Mensch andere Aufgaben hat und sich ein spezielles Szenario gewählt hat, um diese Aufgaben zu erfüllen.

Weiters kann Astrologie Aussagen über Zeitqualitäten machen, was uns erlaubt, wichtige Schritte im Leben voraus zu planen bzw. uns rechtzeitig auf Themen einzustellen, mit denen wir zu gewissen Zeiten unweigerlich konfrontiert werden. Sie macht uns zudem klar, dass unser Leben in Zyklen verläuft und wir immer wieder Gelegenheit erhalten, schwierige Themen zu bearbeiten und Entwicklungsschritte in Angriff zu nehmen.

Eine Beobachtung der sogenannten „Transite" – also eines Zusammenspiels von aktuellen Planetenständen mit Geburtsplaneten – kann z.B. helfen, zu erkennen, ob für ein bestimmtes Projekt, wie einen Berufswechsel oder eine größere Reise, „die Sterne günstig stehen", und die Stimmigkeit einer entsprechenden Konstellation hat sich für mich immer wieder bewiesen. Das wiederum hilft, sich, wenn nötig, in Geduld zu üben, anstatt Dinge „vom Zaun zu brechen" um dann frustiert zu sein, wenn etwas nicht klappt wie geplant.

In sogenannten „Jahreshoroskopen" (auch „Solare" genannt) findet man wiederum Themen, die in der Zeit von einem Geburtstag zum nächsten vorherrschend sind und bearbeitet werden können. In einer „Lebensanalyse" zeigen sich die Themen von 7-Jahres-Phasen, beginnend mit der Geburt bis zum Alter von 84.

Eine „Berufsanalyse" gibt Aufschluß über Fähigkeiten, Talente und daraus abzuleitende Erfolgsmöglichkeiten. Eine „Gesundheitsanalyse" trifft Aussagen über körperliche Stärken, Schwächen und Herausforderungen. Ein „Kinderhoroskop" spiegelt die Entwicklung von der Geburt bis zum Beginn der Pubertät. Partner oder Gruppen von Menschen und deren Zusammenspiel können in „Partnerschaftsanalysen" oder „Familienhoroskopen" analysiert werden (in der Fachsprache z.B. als „Combin", „Composit" oder „Synastrie" bezeichnet).

Dies nur einmal als kleiner Überblick … und es gibt noch viel mehr.

### *Was ist Astrologie nicht?*

Wie bereits aus oben getätigten Aussagen hervorgeht, ist eine astrologische Zeichnung kein genaues Abbild des Sternenhimmels. Eine astrologische Vorhersage ist auch keine Wahrsagerei, kein Festlegen eines Menschen auf etwas, was ihm oder ihr aus diesem oder jenem Grund passieren wird.

Letztere Annahme – und der teilweise schlechte Ruf, den die Astrologie deshalb manchmal hat – hängt wohl u.a. mit den Zeitungshoroskopen zusammen, die notwendigerweise sehr allgemein gehalten sind und daher nie für alle Menschen eines Sternzeichens gültig sein können.

Solche Vorhersagen – von Astrologen getätigt – sind unseriös und Menschen, die daran glauben, sind in der Regel von dem aus Angst hervorgehenden Wunsch nach Sicherheit motiviert.

Seriöse Astrologie trifft keine fixen Vorhersagen. Sie macht Aussagen über das „Was" (d.h. welche Energien herrschen vor, welche Themen sind gerade an der Oberfläche, so dass man sich mit ihnen auseinander setzen kann bzw. muss) und weist darauf hin, dass das „Wie" (das Niveau, auf dem eine Anlage/ein Thema gelebt wird) nicht festgelegt ist und dem freien Willen unterliegt.

Sie nimmt dem Klienten/der Klientin nicht die Selbstverantwortung ab und beurteilt einen Menschen auch nicht aufgrund einer einzigen Konstellation wie dem „Sternzeichen", das nur ein Teil aus einem viel größeren Ganzen ist.

Gute AstrologInnen sind sich auch der Gefahr der „self-fulfilling prophecy" bewusst und formulieren ihre Aussagen dementsprechend mit Vorsicht und Sensibilität für das Gegenüber.

Wie allgemein für jede Art von Beratung gültig, haben sie zudem genügend Selbsterfahrung und entsprechende seelische Reife, denn das Wissen, das sich uns über Astrologie erschließt, kann durchaus auch das Gefühl auslösen, damit Macht über andere Menschen zu haben, sie zu manipulieren und abhängig zu machen, nach dem Motto: „ich sage dir, was du zu tun hast, denn ich weiß, wo's für dich lang geht".

### *Anwendung und Nutzen der Astrologie in der energetischen Praxis*

In der energetischen Praxis ist es neben den oben erwähnten unterschiedlichen Analysemethoden sehr hilfreich – besonders bei neuen KlientInnen – sich über ein Geburtshoroskop und die aktuellen Transite ein erstes Bild der Anlagen, Möglichkeiten, Herausforderungen und der Grundenergie der jeweiligen Person sowie der aktuellen Themen zu verschaffen. Man bekommt auf diese Weise erste Ansatzpunkte für die weitere Vorgehensweise.

Die KlientInnen selbst können zudem bei entsprechendem Interesse durch die Auseinandersetzung mit dem eigenen Geburtshoroskop oder dem eines nahestehenden Menschen eine weitere Entdeckungsreise ins eigene Innere antreten oder, wenn nötig, mehr Verständnis und Toleranz für die Anlagen und Herausforderungen eines Partners, eines Kindes etc. entwickeln.

Kommen KlientInnen mit konkreten Fragen bezüglich Beruf, Partnerschaft oder Gesundheit, können über die entsprechenden Analysen natürlich auch hier aktuelle

Themen, ein möglicher Umgang damit und geeignete Zeitpunkte für Entscheidungen gefunden und besprochen werden.

*„Eine Begegnung mit der Astrologie kann uns von dem Wunsch befreien, jemand anderer zu sein als der, der wir sind. Sie wird uns dann jedoch auch die Illusion rauben, jemand anderer sein zu können als der, der wir sind. Wir werden uns durch die Astrologie mit dem Gedanken anfreunden müssen, unser eigenes Leben zu leben und kein anderes. Diese Einsicht kann sehr befreiend, aber auch sehr schmerzhaft sein"* formuliert es vollkommen treffend der Astrologe Markus Jehle.

Wer sich also dafür entscheidet, sich in der Tiefe mit Astrologie zu beschäftigen, den schickt sie auf eine faszinierende, nie enden wollende, oft lebenslange Entdeckungsreise.

Und nun weiter im Alphabet – und in der Chronologie meiner Ausbildungen …

# Aromaberatung

Dieses mir zunächst völlig unbekannte Wissensgebiet ist mir eher zufällig begegnet – auf der Suche nach einer Bachblütenausbildung, durch die ich hoffte, meine damals noch kleinen Kinder mit natürlichen Mitteln unterstützen zu können. Die Aromaberatungsausbildung war dabei sozusagen eine Draufgabe, denn das Angebot, das ich fand, war eine Kombiausbildung.

Und mit dieser damals ersten Ausbildung zum Thema ätherische Öle in Österreich begann 1993 mein Weg in eine neue faszinierende Richtung, die noch heute zu meinen Schwerpunkten gehört. Aus ihr sollte sich später auch meine Natur-kosmetik-Herstellung entwickeln.

## *Ein Ausflug in die Welt der Düfte*

Tauchen wir doch zunächst anhand von Alltagserfahrungen ein in diese faszinierende und oft so selbstverständlich nebenher ablaufende Welt:

Mittagszeit – der Magen knurrt. Plötzlich zieht ein unwiderstehlicher Duft an Ihnen vorbei, der Duft Ihres Lieblingsessens. Das „Wasser läuft Ihnen im Mund zusammen", und voller Vorfreude begeben Sie sich an den Ort des Wohlgeruchs.

Oder: ein Geruch, der gerade von irgendwoher Ihre Nase berührt. Auch wenn Sie beschäftigt sind, wird Ihr Körper – je nachdem – mit Abwehr, Angst oder Interesse reagieren und versuchen, die Quelle des Geruchs ausfindig zu machen, um den zunächst gewonnenen Eindruck durch eine optische Wahrnehmung zu ergänzen und entsprechend zu reagieren.

Schließlich der Duft eines Menschen, in den Sie verliebt sind: magisch zieht er Sie an, das Blut gerät in Wallung, wenn Sie nur daran denken, und Sie wünschen sich nichts sehnlicher, als ihm oder ihr nahe zu sein! Und: welch ein Erlebnis „der anderen Art", wenn Sie jemanden nicht oder nicht mehr „riechen können"!

Dies nur ein paar Beispiele, wie Düfte auf uns wirken – und die Reihe ließe sich beliebig fortsetzen. Gerüche begleiten unser ganzes Leben: sie warnen uns vor Gefahren (z.B. Brandgeruch) oder zeigen an, was uns gut tut; sie beeinflussen unsere Stimmungen und Motivationen, unsere Vorlieben und Abneigungen, die Anziehung, die wir für andere Menschen – und diese für uns – empfinden; sie steuern unseren Appetit (was wäre das Essen ohne den Duft der Speisen!); sie wirken auf unser vegetatives Nervensystem (Herzschlag, Atmung, Verdauung...), sind Ausdruck unseres Gemüts- und Körperzustandes, Auslöser von Erinnerungen und Assoziationen.

Wie sehr Gerüche und sinnliches Erleben seit Urzeiten miteinander verbunden sind, ist uns allen bekannt. Unvorstellbar, was uns dagegen entgeht, wenn unser Geruchssinn gestört ist (was durch Vererbung oder auch durch Verletzungen der dafür verantwortlichen Gehirnareale vorkommen kann und weniger selten ist, als wir vielleicht annehmen würden)!

## *Der Geruchssinn – seine Funktion, seine Bedeutung*

Gerüche lösen also Emotionen, Gefühle, Erinnerungen aus und sind z.B. für das sinnliche Erlebnis beim Essen viel stärker verantwortlich als der Geschmackssinn selbst, der nur 5 Geschmacksrichtungen zu unterscheiden vermag. Sie beeinflussen das autonome Nervensystem und das endokrine (= Drüsen-) System, und damit u.a. Appetit und Durst, die Körpertemperatur, die Verdauung, die Insulinproduktion und den Hormonhaushalt. In weiterer Folge wirken sie auch auf unser bewusstes Denken und Handeln.

Verarbeitet werden Geruchseindrücke – nachdem sie über die Riechschleimhaut in der Kuppel der Nasenhöhle mit ihren 10 Millionen Nervenzellen aufgenommen und über den Riechkolben weitergeleitet worden sind – im stammesgeschichtlich ältesten Abschnitt unseres Gehirns, dem Limbischen System (einem Teil des Stammhirns).

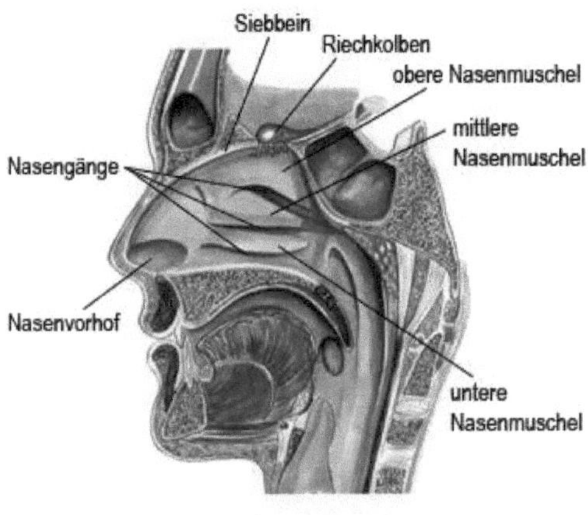


Anders als Hör- und Seheindrücke werden Gerüche dabei nicht zuerst von Zentren der Großhirnrinde, d.h. von unserem bewußten Denken, analysiert und zensiert, bevor sie eine Reaktion auslösen, denn ihre ursprüngiche Funktion war es, den Menschen über (Lebens)Gefahr bzw. Sicherheit zu informieren und den Körper dementsprechend in Sekundenschnelle auf die Notwendigkeit von Angriff oder Flucht vorzubereiten oder aber Entspannung zu signalisieren. Dafür wäre der Weg der Information über das bewusste Denken (linke Gehirnhälfte) zu lang gewesen. Reaktionen des Körpers, z.B. der

Atmung, der Muskulatur, mussten sofort erfolgen, wenn es um Leben oder Tod ging.

Der Geruchssinn diente also der Erhaltung des Lebens in unsicheren Zeiten, aber auch generell – durch die Information über un/zuträgliche Nahrungsmittel und durch die Beeinflussung von Partnerwahl, Paarung, und Aufzucht der Nachkommen – der Erhaltung der Art. Und er tut es noch heute, auch wenn es uns in der Regel kaum bewusst ist.

Instinktiv reagieren wir z.B. alarmiert auf Brandgeruch. Ebenso instinktiv entspannen wir uns beim Spaziergang durch einen Rosengarten. Der typische Wohlgeruch eines Babys löst bei der Mutter und anderen Personen, die mit ihm zu tun haben, Gefühle des Entzückens und behüten wollende Verhaltensweisen aus. Über den Körpergeruch eines Menschen erhalten wir Informationen über seinen physischen bzw. psychischen Gesundheitszustand, über seine Ernährungs- und sonstige Lebensgewohnheiten (z.B. Rauchen, Trinken).

Auf äußerst subtile Art und Weise erfahren wir aber auch, ob sich jemand gerade „auf Freiersfüßen" bewegt oder sexuell desinteressiert ist. In speziellen Schweißdrüsen – den „aprokrinen Drüsen", die sich an den Haarwurzeln unter den Achseln und in der Umgebung der Genitalien befinden – produziert unser Körper eine komplexe Mischung aus Duftstoffen (hauptsächlich so genannte „Pheromone"), die genau Auskunft gibt über den augenblicklichen Zustand unserer sexuellen Einstellung. Wird dieser Geruch von einem potentiellen Partner oder einer Partnerin aufgenommen, ändert sich dessen/deren Verhalten meist schlagartig. Die „Fährte wird aufgenommen" und Anbahnungsversuche lassen in der Regel nicht lange auf sich warten.

Genetische Unterschiede werden dabei Untersuchungen zufolge als angenehm riechend empfunden (hier „stimmt die Chemie"), während jemand mit ähnlicher Veranlagung weniger anziehend wirkt – denn für die Anpassungsfähigkeit und Gesundheit der potentiellen Nachkommenschaft ist eine größtmögliche genetische Vielfalt ausschlaggebend. Diese Tatsache mag dem alten Brauch der Inuits zugrunde liegen, vor der Entscheidung für oder gegen eine Hochzeit eine Nacht unter einer Bettdecke zu verbringen, um sich ausgiebig zu beriechen.

Gerüche wirken also unmittelbar auf die nicht dem Bewusstsein unterworfenen Funktionen des menschlichen Systems: auf das vegetative Nervensystem, das Hormonsystem, und den gesamten Bereich der Gefühle und der damit verbundenen Prägungen.

Von der unmittelbaren Wirkung der Gerüche auf unser Gefühlsleben und unser Unbewusstes profitieren heute ganze Industriezweige. In unserer modernen Kultur wird allerdings dem Aussehen, dem gesellschaftlichen Status, den finanziellen Verhältnissen, häufiger der Vorzug vor allem Ursprünglichen gegeben. Natürliche Körpergerüche werden lieber künstlich übertönt und als störend empfunden und man mag sich fragen, warum laut einer Untersuchung 80 – 90% der Frauen, die ihr Kind vor der 12.Schwangerschaftswoche verloren, einen Partner mit ähnlichem Gewebetyp gewählt hatten.

Während Tiere unter dem Einfluss von Sexual-Lockstoffen wie unter Zwang reagieren, kann der „zivilisierte" Mensch dem Drang nachgeben oder auch nicht. Sein Bewusstsein, beeinflusst von Benimmregeln und vernunftgesteuerten Überlegungen, kontrolliert normalerweise sein Verhalten, und diese Kontrolle wird nur gelockert, wenn er schläft, erschöpft, gestresst oder aber verliebt ist.

In jedem Fall wird jedoch seine Stimmung durch Sexuallockstoffe aufgehellt und die Gerüche machen ihn unterschwellig neugierig auf Dinge, die da kommen mögen. Frauen haben – was die Geruchsempfindlichkeit angeht – generell die Nase vorn. Sie reagieren stärker und positiver auf den Einfluss von Pheromonen.

Wie sehr Gerüche unser Geschlechtsleben beeinflussen zeigt sich auch daran, dass sich bei Frauen, die sich hauptsächlich in einer männlichen Geruchsaura aufhalten, der monatliche Zyklus verkürzen und die Chance auf Befruchtung dadurch erhöhen kann, dass der Eisprung öfter stattfindet. Umgekehrt kann der vermehrte Geruch von Frauen in der Umgebung auf den Zyklus verlängernd wirken und die Zahl der Eisprünge verringern. In Frauengemeinschaften zu beobachten ist auch, dass sich der Menstruationszeitpunkt häufig deckt. Bei Männern wurde ein Zusammenhang zwischen Zeugungsfähigkeit und Geruchsempfinden festgestellt.

### *Funktion und Geschichte der Parfumierung*

Der Umgang mit aromatischen Stoffen zum Zweck der Körperpflege, der Anwendung im Krankheitsfall, aber auch der religiösen Verehrung begleitet die Menschheit seit Jahrtausenden. Unter den alten Hochkulturen besaß insbesondere die ägyptische darüber ein breites Erfahrungswissen. Auch die alten Inkas, Araber und Perser wussten um die Bedeutung und den tiefgreifenden Einfluss der Aromen auf Psyche und Geist des Menschen – ein Wissen, das sich im Lauf der Zeit über ganz Europa und Vorderasien ausbreitete und erst mit dem Aufkommen der chemischen Industrie im 19.Jahrhundert und der damit einhergehenden Möglichkeit, Medikamente synthetisch herzustellen, vorübergehend in Vergessenheit geriet.

In unserer hygieneverliebten westlichen Kultur ist es den meisten Menschen zur Gewohnheit geworden, das Haus nicht ohne eine zweite Haut aus duftenden Körperpflegemitteln zu verlassen. So fühlen sie sich einfach wohl und sauber bzw. kann auch der augenblickliche Gefühlszustand, der sich automatisch im Körpergeruch niederschlägt, damit verschleiert werden.

Der Wunsch, die Wahrheit zu verschleiern, nahm nach Ansicht des Zoologen D.M.Stoddard in der Zeit seinen Anfang, als die Menschen begannen, in größeren Gruppen zusammen zu leben. Für Frauen war dies damals von lebenswichtiger Bedeutung, denn während sich ihr Mann monatelang auf Jagd befand, sollte kein anderer Mann angelockt werden. Sie mussten schließlich sicher gehen, dass ihr abwesender Gefährte auch nach seiner Rückkehr bereit sein würde, sie und ihre Kinder weiter zu versorgen.

Viele Jahrhunderte lang diente die Parfumierung später dann mehr der Überdeckung der olfaktorischen Folgen mangelnder Hygiene als der Reizwirkung auf das andere Geschlecht.

Im lustfeindlichen Biedermeier war die Wahl von Düften von moralischen Überlegungen beeinflusst: vor allem für Frauen war es nicht angezeigt, sinnliches Begehren offen auszudrücken. Es herrschten daher Blumendüfte vor, die Frauen mit einer Aura der Unschuld und zugleich Unberührbarkeit umgaben.

Erst mit der Emanzipation der Frau fanden mehrheitlich sinnliche, weibliches Selbstbewusstsein signalisierende Düfte Eingang in das weibliche „Geruchsumfeld" – beginnend mit dem berühmten, auf künstlichen Duftstoffen beruhenden „Chanel No.5" in den 20er Jahren des 20.Jahrhunderts. In Zeiten der „Gleichberechtigung" ist es inzwischen auch für Männer normal, sich zu parfümieren – etwas, das bis zur Mitte des 20.Jahrhunderts noch verpönt, weil „unmännlich" war.

Natürliche Körpergerüche lassen sich durch Parfumierung also überdecken. Sie kann aber auch bewusst wohldosiert eingesetzt werden, um die Anziehungskraft zu steigern, wobei mindestens 3 verschiedene Geruchsqualitäten mit der sexuellen Attraktivität einer Person verknüpft werden:

- *Pheromongerüche*, die direkt auf mit dem Liebeswerben zusammenhängende angeborene Verhaltensmuster einwirken

- Die *Gerüche der Geschlechtsorgane* und ihrer unmittelbaren Umgebung, die die Vorstellung intimer Nähe hervorrufen und

- *Haut- und Haargerüche*, die menschliche Nähe und Wärme ausdrücken und neben sexuellen auch andere gefühlsmäßige Reaktionen beeinflussen

Will man den eigenen Geruch im Dienst der Verführung einsetzen, darf der diesen unterstreichende Duft „im günstigsten Fall kaum merkbar an den Körpergeruch erinnern und muss gleichzeitig so zart sein, dass er nur unterschwellig wahrgenommen werden kann. Mit ihm soll ein Geheimnis nur angedeutet, nicht verraten werden. Schließlich liegt der eigentliche Reiz der Liebeswerbung doch in der Suche nach dem verborgenen Schatz." [5]

## *Natürliche und künstliche Düfte – Kritik*

In Anbetracht der geschilderten Zusammen-hänge ist unsere moderne Duftkultur – die großteils auf dem Einsatz künstlicher Düfte beruht – durchaus zu hinterfragen. Besteht nicht die Gefahr, dass wir uns in unserem Bemühen, aus vermeintlich hygienischen Gründen unseren natürlichen Körpergeruch zu überdecken, auch abschneiden von der Möglichkeit, die für uns genetisch passenden PartnerInnen zu finden? Richtet sich die Information, die wir hinsichtlich Sympathie oder Antipathie über den Geruchssinn 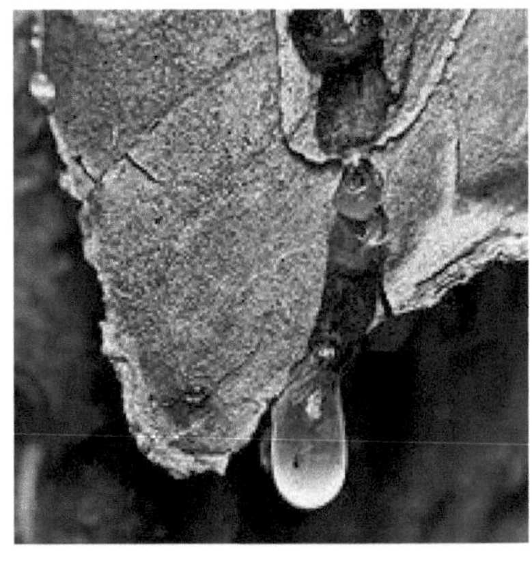 bekommen, nach dem jeweils gerade durch die Werbung mit bestimmten Idealvorstellungen in Verbindung gebrachten „Superduft" und müssen wir vielleicht feststellen, dass der Reiz verfliegt, sobald wir das körpereigene Parfum der Angebeteten zum ersten Mal wahrnehmen – vielleicht zu einem Zeitpunkt, zu dem wir uns bereits tief auf eine Beziehung eingelassen haben?

Gaukeln wir andererseits nicht auch selbst unserer Umwelt etwas vor, was wir nicht sind, indem wir durch unsere künstliche Geruchsaura Assoziationen auslösen, die uns kollektiv durch die Werbung eingeprägt wurden? Vergewaltigen wir nicht in gewisser Weise unsere Mitmenschen, indem wir uns mit Düften einnebeln, die an uns haften wie eine zweite Haut und denen gegenüber es für empfindliche Nasen kein Entkommen gibt?

Wollen wir solches vermeiden, so bietet sich die faszinierende und vielfältige Welt ätherischer Öle als Alternative an, denn es gibt unter ihnen zahlreiche Stoffe mit pheromonähnlicher Wirkung bzw. auch solche, die an Hautgerüche erinnern oder Intimgerüche imitieren. Im Unterschied zu künstlichen Duftstoffen „überfallen" wir jedoch mit ätherischen Ölen unsere Umwelt nicht, denn ätherische Öle passen sich dem Menschen besser an und werden auch als organischer empfunden.

---

[5] Quellen u.a.: Rainer Maria Wieshammer „Verführen und Heilen mit Düften", Goldmann-Verlag 1999

Anstatt sich wie eine undurchdringliche Schicht zwischen den Menschen und seine Umgebung zu stellen, treten sie in intensive Wechselwirkung mit ihm, werden vom Gesamtorganismus aufgenommen und harmonisieren Körper, Psyche und Geist. Sie unterstützen das innerste Wesen und bringen es zum Strahlen. Der körpereigene Geruch des/r Trägers/in wird nicht künstlich überdeckt, sondern sensibel unterstrichen. Die jedem Menschen eigene Attraktivität wird somit bestmöglich gefördert.

## *Was sind ätherische Öle?*

Die von Anwendern, Aromaberatern und Verarbeitern verwendeten ätherischen Öle sind Bestandteile verschiedenster Pflanzen, die in unterschiedlichen Pflanzenteilen (Blüten, Blättern, Wurzeln, Früchten, Holz ...) konzentriert eingelagert sind. Der Pflanze dienen sie als Energiespeicher, Informationsträger, Temperaturregler, zum Anlocken oder Abwehren von Insekten und als Schutz vor Krankheiten. Zugleich repräsentieren sie die Seele, das Wesen der Pflanze in konzentrierter Form, weshalb man sie auch als „Essenzen" bezeichnet.

Sie werden durch unterschiedliche Verfahren aus dem Pflanzenmaterial gewonnen. Die gängigste ist die Wasserdampfdestillation. Die wasserlöslichen Substanzen der Pflanze bleiben dabei im Wasser zurück und werden als „Hydrolate" verwendet. Die an der Oberfläche des bei der Destillation entstehenden Wassers schwimmenden Öle werden abgeschöpft und gelangen als ätherische Öle in den Handel. Bei Zitrusfrüchten, bei denen sich die Öle in den Fruchtschalen befinden, wird die Pressung angewandt.

Bei weiteren, sehr fragilen Pflanzen wie z.B. den Jasminblüten, Tuberose oder Mimose erfolgte schon im alten Ägypten eine sogenannte Extraktion durch Einlegen der Pflanzenteile in Fettschichten, aus denen dann mittels Alkohol die Duftstoffe gelöst wurden. Heute erfolgt diese Lösung in der Regel durch Toluol, Methanol, Hexan oder andere chemische Lösungsmittel, die dann durch verschiedene Verfahren wieder entfernt werden. Die Verwendung von Alkohol oder flüssigem Kohlendioxid sind hierbei die schonendsten Methoden. Es entsteht bei diesen Vorgängen zunächst das sogenannte „Concrète" und schließlich ein „Absolue".

In Anbetracht der tiefgreifenden Wirkung von Duftstoffen und des vergleichsweise geringen Verbrauchs ist auf jeden Fall ein naturbelassenes und dafür vielleicht teureres ätherisches Öl allen – zum Teil auch durch unterschiedlichste Manipulationen verfälschten – Billigangeboten vorzuziehen (neben dem Preis ist auch die Detailliertheit der Angaben auf den Etiketten, z.B. botanische Herkunft,

Herkunftsland, Pflanzenteil, Herstellungsart, ein Zeichen, dass der Händler bemüht ist, Qualität anzubieten).

### *Entwicklung und Wirkung der Aromatherapie*

Zu Beginn des 20.Jh. begann der Überlieferung nach mit dem französischen Chemiker René-Maurice Gattefossé, der anlässlich einer Verbrennung die wohltuende Wirkung von Lavendelöl erfahren durfte, die wissenschaftliche Erforschung der ätherischen Öle, die sich bis heute fortsetzt. Weitere Pioniere auf diesem Gebiet waren Marguerite Maury, Jean Valnet und Robert Tisserand. Dietrich Gümbel, Martin Henglein und Susanne Fischer-Rizzi sind die Protagonisten im deutschsprachigen Raum. Ab 1985 begann sich die Aromatherapie weltweit zu verbreiten.

Die Aromatherapie nutzt nun die ätherischen Öle, um nach den Prinzipien der Naturheilkunde die Lebenskraft und die Selbstheilungskräfte der Klienten zu wecken und zu stärken, unbewußte Einstellungen, die im Limbischen System gespeichert sind, zu lockern und zu verändern. Krankheiten, die ja – nach den Erkenntnissen der Psychoneuroimmunologie – auf dem Nährboden von Einstellungen und Emotionen entstehen, können positiv beeinflußt werden, wenn man das seelische Gleichgewicht, das die Basis für unsere Gesundheit bildet, durch die entsprechenden Düfte wiederherstellt.

Ätherische Öle wirken aber nicht nur durch ihren Duft auf der seelischen und geistigen Ebene, sondern in ihrer Eigenschaft als chemische Substanzen auch ganz konkret körperlich. Bereits die Aufnahme durch den Geruchssinn zeitigt eine Wirkung auf den Körper: verschiedene neurochemische Stoffe (Encephaline, Endorphine, Serotonin, Noradrenalin ...) werden ausgeschüttet, das vegetative Nervensystem und die entsprechenden Organe werden beeinflusst.

Werden die Öle dann auch über die Haut aufgenommen (immer in Verdünnung mit geeigneten Trägersubstanzen, da es sonst zu Hautreizungen kommen kann!), pflegen, glätten und nähren sie einerseits die Haut, dringen aber auch über Bindegewebe und Lymphe in den Blutkreislauf ein und erreichen so in kürzester Zeit die ihnen zugeordneten Organe. (Die ebenfalls bei körperlichen Beschwerden angewandte innerliche Einnahme sollte allerdings nur unter Aufsicht eines/r Experten/in erfolgen).

Als Stoffe mit tiefgreifender und doch sanfter Wirkung auf den ganzen Menschen dienen ätherische Öle also einerseits der ganzheitlichen Harmonisierung – und vertragen sich in dieser Eigenschaft mit den meisten anderen Methoden der

Komplementärmedizin (mit Homöopathie unter Einschränkungen). Sie tragen aber andererseits auch zu einem vermehrten Lebensgenuss bei.

Man denke nur an ihre Anwendung in der Duftlampe und in Raumsprays, in aromatischen Bädern, natürlichen Parfums, pflegenden Crèmen, entspannenden oder anregenden Massageölen, in der Sauna oder in der Aromaküche, wo sie mit wenigen Tropfen Duft und Geschmack ihres Ausgangsprodukts in die Speisen zaubern.

Ätherische Öle, die Botenstoffe des dem Menschen so nahestehenden Pflanzenreichs, können auf Grund dieser Gegebenheiten mit den vielfältigen, in ihnen enthaltenen Informationen in all diesen Bereichen ins Ungleichgewicht Geratenes wieder harmonisieren.

Sie sind eine wunderbare Möglichkeit, die Gesundheit zu fördern und im Krankheitsfall medizinische Maßnahmen zu ergänzen.

Der Experimentierfreude sind dabei auch für Laien – immer vorausgesetzt, daß sie einige Vorsichtsmaßnahmen hinsichtlich der Anwendung (Dosierung, Verdünnung, Schwangerschaft, Allergieanfälligkeit,...) beachten und auf Qualität Wert legen – kaum Grenzen gesetzt. Je mehr man sich mit diesem Gebiet beschäftigt, desto deutlicher wird die schier unerschöpfliche Vielfalt der Möglichkeiten.

Mit Düften zu leben erweist sich alsbald als ein immer wieder neues, aufregendes Abenteuer, das die Vitalität und die Immunabwehr steigert und zu Lebensfreude, Lebensgenuss und Wohlbefinden im Alltag beiträgt.

### *Was geschieht in der Aromaberatung?*

Aufgrund ihrer Vielfalt und ihrer mannigfaltigen Wirkungen eignen sich ätherische Öle perfekt für den Einsatz in der energetischen Praxis – sei es als Raumbeduftung während einer Behandlung oder als im Idealfall individuell zusammengestellte Mischung für unterschiedlichste Anwendungen.

Naturparfums oder Mischungen auf Basis von naturbelassenen fetten Ölen sind nur zwei von verschiedensten Möglichkeiten. Die für solche Produkte ausgewählten ätherischen Öle sind immer Ausdruck eines Augenblicks, in dem der/die Klient/in mit einem Thema beschäftigt ist. Ist die Mischung aufgebraucht und es besteht ein Bedürfnis, solch eine Anwendung fortzusetzen, wird neu gewählt bzw. ausgetestet. Man wird feststellen, dass manche Öle über längere Zeit gebraucht werden, z.B. wenn sie für ein eher hartnäckiges Thema stehen, und dass andere nach einer einmaligen Anwendung weggelassen werden können.

Auch wenn es inzwischen zahlreiche Bücher mit möglichen Anwendungs-empfehlungen für einzelne ätherische Öle gibt, ist die individuelle Auswahl die erfolgsversprechendste. Hierbei wird der einzelne Mensch immer als Individuum mit einem bestimmten Thema gesehen, sei es nun körperlich oder psychisch, und der/die Beraterin erspart sich das Durchforsten endloser Listen, die für ein Symptom bis zu 10 ätherische Öle empfehlen.

Um jedoch einen kurzen Überblick zu geben, hier einige Gruppen ätherischer Öle mit ihren wichtigsten Wirkweisen:

*Erdungsöle*
dazu gehören die meisten Öle aus Hölzern oder Wurzeln; das stärkste ist das Vetiveröl

*Stimmungsaufhellende Öle*
häufig Öle aus Zitrusfrüchten, wie Bergamotte oder Grapefruit

*Öle für die Sinnlichkeit*
eher schwere Düfte, häufig aus tropischen Blüten; z.B. Jasmin oder Ylang-Ylang

*Konzentrationsfördernde Öle*
dazu gehören frische Düfte wie Litsea oder Lemongrass

*Entspannungsöle*
z.B. römische Kamille, Lavendel oder Patchouli

*Öle für Kinder*
zu den Lieblingsölen für Kinder zählen Orange, Mandarine und Vanille

*Ätherische „Hausmittel"*
die wichtigsten ätherischen Hausmittel sind Lavendel, Teebaum und das „Notfallmittel" Neroli

*Öl für Übergänge im Leben und Herzschmerz*
natürlich die Königin der Düfte, die Rose

### *Allergen-Kritik EU*

Angesichts des Hinweises auf die bislang aufgrund ihrer geringen Menge zum Teil noch nicht in allen Details erforschten Inhaltsstoffe ätherischer Öle, deren Wirkung sich wie jedes natürliche Mittel erst durch diese Vielfalt zur Gänze entfaltet, grenzt es an Absurdität, einzelne Bestandteile aus dem Gesamten herauszufiltern, um ihnen – wie von Wissenschaftlern im Auftrag der EU „herausgefunden" – eine mögliche Allergenwirkung zuzuordnen und immer wieder über ein Verbot bestimmter Öle (wie z.B. dem Teebaumöl) nachzudenken, die in ihrer Ganzheit eine rundum wohltuende natürliche Wirkung entfalten und seit Jahrhunderten bei Naturvölkern in Anwendung waren. Möge sich der Begriff von Ganzheitlichkeit und der unendlichen Weisheit der Natur endlich allgemein durchsetzen – das ist mein größter Wunsch!

# Bachblütenberatung

## *Wie alles begann ...*

Der Pionier pflanzlicher Essenzen und (Er)Finder der Bachblüten – man möchte fast sagen: einer der ersten Energetiker – war der englische Arzt Dr.Edward Bach. 1886 in Birmingham, England geboren, und 1936 verstorben, begann seine ärztliche Karriere als Leiter der Unfallstation der Universitätsklinik London. Er arbeitete dann als Chirurg, Pathologe, Bakteriologe und Leiter des Forschungslabors des Homöopathischen Krankenhauses in London sowie in seiner Allgemeinpraxis, die großen Zulauf hatte.

Schon früh erkannte er die Bedeutung der Persönlichkeit eines Patienten für den Behandlungserfolg und war fest entschlossen, die Schulmedizin durch eine einfache, schmerzlose, diese Erkenntnis einbeziehende Methode der Krankheitsbehandlung zu erneuern.

Seine Forschungsarbeiten führten zunächst zur Entdeckung von 7 Gruppen von Darmbakterien, die seiner Beobachtung nach in engem Zusammenhang mit der Entstehung chronischer Krankheiten standen und – in homöopathischer Dosierung verabreicht – auf 7 klar umrissene Persönlichkeitstypen unter seinen Patienten wirkten. Die auch heute noch gebräuchlichen Bach-Nosoden waren geboren und Dr.Bach konnte mit der Zeit allein aufgrund der Beobachtung des Verhaltens seiner Patienten auf das geeignete Nosoden-Präparat schließen.

Trotz der großen Heilerfolge, die er mit dieser Methode bei bis dahin aussichtslosen Krankheitsfällen erzielen konnte, forschte er unermüdlich weiter, denn er wollte pflanzliche und vor allem ungiftige Heilmittel finden. So widmete er sich dem Studium der Pflanzen und der Natur.

Er beobachtete seine Patienten aufs genaueste, notierte all ihre Persönlichkeitsmerkmale, alle Stimmungen, jede Reaktion auf die Krankheiten, alle Eigenheiten und Gewohnheiten und kam so immer mehr zu der Überzeugung, daß Krankheit die Folge einer Disharmonie zwischen Körper und Seele des Menschen oder, anders ausgedrückt, zwischen sterblicher Persönlichkeit und dem als Vermittler zur unsterblichen Seele fungierenden Höheren Selbst ist. Es müsse daher möglich sein, Krankheit zu heilen, indem man das Gleichgewicht zwischen diesen Teilen wiederherstellt.

1930 entdeckte er die ersten drei Blütenheilmittel: Impatiens, Mimulus und Clematis. Von diesem Zeitpunkt an trennte er sich von allen bisherigen Behandlungsmethoden. Er löste seine Praxis auf, übergab sein Londoner Forschungslabor seinen Assistenten und ließ damit alles hinter sich, was ihm als Wissenschaftler Anerkennung gebracht hatte, um – einzig und allein auf sein intuitives Wissen, seine göttliche Führung und die Heilkräfte der Natur vertrauend – noch einmal völlig von vorn zu beginnen.

Ohne große Barschaft zog er nach Wales, um sich unter einfachsten Bedingungen tagaus, tagein mit der Erforschung der Pflanzenwelt zu beschäftigen, vorerst ohne einen Anhaltspunkt, in welchen Pflanzen er die gesuchten Heilsubstanzen finden würde. Seiner Intuition folgend entdeckte er jedoch bald weitere Blüten – Agrimony, Chicory, Vervain, Centaury, Cerato, Scleranthus und Water Violet – sowie ein neues, einfaches Herstellungsverfahren, die sogenannte „Sonnen-methode", bei der die abgeschnittenen Blüten, in einer Schüssel mit reinem Wasser schwimmend, das ihre Schwingung aufnehmen sollte, für einige Zeit an die Sonne gestellt wurden.

Bis 1933 hatte er weitere 10 Heilmittel entdeckt und wandte sie mit großem Erfolg in seiner Landarztpraxis in Comer/Wales an. Im Frühjahr 1934 zog er in das kleine Haus „Mount Vernon" in Sotwell, von wo aus bis heute die „Bachblüten" in alle Welt verschickt werden.

Dr.Bach glaubte nun, am Ende seiner Forschungsarbeit angelangt zu sein, geriet jedoch 1935 selbst in eine schwere seelische Krise, begleitet von verschiedenen ernsthaften und qualvollen Krankheiten. Trotzdem behandelte er weiter seine Patienten, bei denen er unglaubliche Heilerfolge erzielte. Der Entdeckung der folgenden 19 Heilpflanzen gingen die verschiedensten seelischen und körperlichen Torturen voraus, so dass er des öfteren völlig erschöpft und geschwächt war.

Aufgrund seiner Erfolge kamen immer mehr Menschen zu ihm. Mitarbeiter wurden ausgebildet. Eine Vortragsreise war geplant, doch Dr.Bach war den Anstrengungen nicht mehr gewachsen. Er verstarb am 27.November 1936 im Schlaf und hinterließ ein Lebenswerk, dessen Methode nicht nur körperliches Leiden erleichtert, sondern auch unsere Seele heilt, uns wieder in Beziehung bringt mit der Größe und Schönheit, die in jedem von uns angelegt ist und gelebt werden möchte.

## *Dr.Bachs Verständnis vom Menschen*

Seine tiefsten Überzeugungen, seine Auffassung von Gesundheit und Krankheit, sind in verschiedenen Büchern niedergelegt, z.B. „Heile dich selbst" oder „Befreie dich selbst".

Demnach sind wir als Teile des großen Schöpfungsgedankens durch eine mächtige Energieschwingung mit dem gesamten Kosmos verbunden, und bringen einen von Individuum zu Individuum verschiedenen, nur unserer Seele bekannten und von der Persönlichkeit zu erfüllenden Auftrag mit auf diese Welt. Zudem haben wir ein Potential ideeller Qualitäten wie Sanftmut, Stärke, Mut, Beständigkeit, Weisheit, Freude oder Zielstrebigkeit.

Handelt die Persönlichkeit nicht in Übereinstimmung mit ihrem Höheren Selbst und ist es ihr – oft durch die Umstände, in die sie hineingeboren ist oder mit denen sie im Lauf ihres weiteren Lebens konfrontiert wird – nicht möglich, ihr Potential zu verwirklichen, so kommt es zu Stauung, Störung, Energieverlust und die als Tugenden angelegten Eigenschaften des Menschen verwandeln sich in Schattenseiten, werden zu Stolz, Grausamkeit, Haß, Eigenliebe, Unwissenheit oder Habgier.

Die Disharmonie, in der sich der Mensch dann befindet, äußert sich zunächst in negativen Gemütsstimmungen, wird aber, wenn diese nicht beachtet werden, im Lauf der Zeit immer manifester und führt so zu körperlicher Krankheit. Körperliche Krankheit ist somit nach Bachs Empfinden

*„...weder Grausamkeit noch Strafe, sondern einzig und allein ein Korrektiv; ein Werkzeug, dessen sich unsere eigene Seele bedient, um uns auf unsere Fehler hinzuweisen, um uns von größeren Irrtümern zurückzuhalten, um uns daran zu hindern, mehr Schaden anzurichten - und uns auf den Weg der Wahrheit und des Lichts zurückzubringen, von dem wir nie hätten abkommen sollen."* („Die heilende Natur")

Sie ruft uns auf, uns unserer geistigen Einstellung, unserer negativen Gefühle, unserer so oft auf Selbstverleugnung beruhenden Verhaltensweisen bewußt zu werden, sie zu ändern und wieder in Harmonie zu kommen mit den Absichten unserer Seele und den Interessen der größeren Einheit, deren Teil sie ist.

### *Die Bachblüten*

Die 38 Bachblüten nun – allesamt aus ungiftigen „Pflanzen höherer Ordnung" gewonnen – entsprechen in ihren Schwingungen 38 archetypischen, das harmonische menschliche Potential darstellenden Seelenzuständen. Nimmt man diese Essenzen ein, so wird durch Schwingungsresonanz – d.h. der Mensch reagiert auf die Schwingung der Pflanze, indem er in sich dieselbe Schwingung erzeugt – der bis dahin blockierte Kontakt zwischen Seele und Persönlichkeit wiederhergestellt.

Negative Seelenzustände werden von übergeordneten harmonischen Energieschwingungen überflutet, so dass sie, wie Bach sagt, *„hinwegschmelzen wie Schnee* *an der Sonne".* Gleichzeitig wächst die Bewußtheit über krankmachende Eigenschaften und Verhaltensweisen. Das dahinterliegende Potential wird erkannt und neue Möglichkeiten tun sich auf:

*„Die Seele kann sich wieder Gehör in der Persönlichkeit verschaffen. Dort, wo Disharmonie und Erstarrung herrschte, fließt wieder Leben ein. ... Die Persönlichkeit findet aus der menschlich-allzu-menschlichen Begrenzung heraus, zurück zu den Seelenpotentialen oder Tugenden, die unserer Existenz auf diesem Planeten Sinn geben und Harmonie schenken."*

Edward Bach hatte damit eine äußerst einfache, von jedem auch selbst – vor allem vorbeugend bei seelischen Unstimmigkeiten bzw. begleitend bei physischen Beschwerden – anzuwendende Heilmethode gefunden (die allerdings bei ernsten körperlichen Problemen den Gang zum Arzt nicht ersetzen sollte!).

Sie eignet sich z.B. bei Kindern zur Behandlung von Konzentrationsschwierigkeiten, Ängstlichkeit, Schüchternheit, Überaktivität, Tagträumerei, Eifersucht sowie – auf der körperlichen Ebene – bei Bettnässen, Schock durch Verletzungen, Infektionen u.a.m.

Von ihrer Wirkung zeugt die Verbreitung, die diese Methode inzwischen gefunden hat. Ein Beweis für ihre Zeitgemäßheit ist in meinen Augen die Tatsache, daß sie – wie viele der neueren Methoden der Komplementärmedizin – dem Patienten die im Lauf der Jahrhunderte mehr und mehr an andere, von denen Heilung erwartet wurde, abgegebene Verantwortung für seine Gesundheit zurückgibt.

Sie bietet die Möglichkeit, an der Erhaltung bzw. Wiedererlangung der eigenen Gesundheit mitzuwirken, setzt aber naturgemäß die Bereitschaft voraus, sich – wohlgemerkt liebevoll! – mit den eigenen Schwächen auseinanderzusetzen und sie in Stärken umzuwandeln. Sie erfordert also einen gewissen Mut, bietet aber auch die Chance zu wirklicher, tiefgreifender, sich nicht auf das „Wegmachen von Symptomen" beschränkender Heilung.

Sie vermag damit vielleicht auch Ärzten und Heilern einen Teil der übergroßen, an sie gestellten Erwartungen abzunehmen, die einer von vielen Gründen dafür sein mögen, daß die Symptombekämpfung heute in so vielen Fällen vor die Heilung des ganzen Menschen gestellt wird. Nicht zuletzt kann diese Methode – durch In-Einklang-Versetzen des Individuums mit dem göttlichen Plan – einen wichtigen Beitrag leisten zur positiven Entwicklung der ganzen Menschheit.[6]

---

[6] Quellen: Mechthild Scheffer „Die Original Bach-Blütentherapie", Südwest-Verlag 2011
      Edward Bach „Die heilende Natur", Heyne-Verlag 1990

## *Bedeutung der Bachblüten in der energetischen Beratung*

In der energetischen Beratung sind Bachblüten eine wertvolle, natürliche Ergänzung zu anderen Maßnahmen der Problemlösung. In den Jahrzehnten nach der ersten Verbreitung der Bachblüten wurden zahlreiche andere Essenzen gefunden und entwickelt. Ihre Zahl ist kaum mehr überschaubar. Gewonnen aus unterschiedlichsten Pflanzen, aus Edelsteinen und selbst mit der Energie von geistigen Wesen sowie Wasser als Trägersubstanz gehören sie inzwischen zum energetischen Alltag. Nennen wir nur ein paar der bekanntesten:

- Australische Buschessenzen

- Kalifornische Essenzen

- Perelandra Essenzen

- Edelsteinessenzen

- Engelessenzen u.a.m.

Hat man das Prinzip einmal verstanden, ist es auch ein Leichtes, selbst Essenzen herzustellen.

# Channeling Hohes Selbst

Weiter geht es nun im Jahr 2000 mit einer Ausbildung „Channeling Hohes Selbst"
bei Alice Drott und Markus Trapple.

## *Was ist Channeling?*

Unter Channeling versteht man das Übermitteln (aus dem Englischen =
Kanalisieren) von Botschaften aus höheren Bewusstseinsebenen. Das heißt der/die
Übermittelnde – auch als „Medium" bezeichnet – stellt sich als Kanal für eine
dieser Ebenen zur Verfügung, um dem/der Fragenden Hinweise und Anregungen zu
geben oder Lösungen anzubieten, die auf anderem Weg nicht zugänglich waren
bzw. wo eine Entscheidungshilfe gebraucht wird.

Man kann wichtige Informationen zur jetzigen Situation im Leben erhalten,
erfahren, welche Schritte in naher Zukunft gemacht werden sollten, Einblicke in die
eigenen Begabungen und Aufgaben des Lebens erhalten oder auch konkrete
Lösungen und Hinweise bei Krankheiten und Problemen in Beruf, Beziehungen,
Familie oder persönlichem Wachstum. Oft wird dabei vieles, das bereits gefühlt
oder geahnt wurde, bestätigt.

Gechannelt wird seit Jahrhunderten. Im antiken Griechenland betrachtete man
Orakel als Kanäle zu den Göttern. Allgemein bekannt ist das Orakel von Delphi. In
der römischen Kultur und immer wieder auch im Christentum gab es Berichte von
Medien, die mit höheren Ebenen kommunizierten. Aus dem Mittelalter bekannt ist
hier besonders Hildegard von Bingen. Im 19. Jahrhundert erlebte das Channeling
mit Helena Blavatsky eine Blütezeit im Spiritismus. Aus dem 20.Jahrhundert kennt
man Namen wie Rudolf Steiner, Edgar Cayde und Jane Roberts.

Die abgefragten Botschaften können auf unterschiedliche Weise empfangen und
niedergelegt werden.

Ein Schreibmedium wird das, was es empfängt, durch Handschrift oder über eine
Tastatur festhalten. Ein visuelles Medium wird Bilder oder Symbole empfangen und
diese dann aufzeichnen. Ein eher körperlich orientiertes Medium erhält Botschaften
durch körperliche Empfindungen und übermittelt diese dann durch Sprache oder
Schrift. Ein Sprachmedium wird seine Botschaften mündlich ausdrücken und mit
Hilfe unterschiedlicher Geräte aufnehmen. Ein Heilmedium wird unterstützende
Energie unmittelbar in Anwesenheit eines/r Klient/in oder auch über jede
Entfernung übertragen.

*Medien* arbeiten dabei meist in Trance, d.h. sie haben ihr Tagesbewusstsein aus-
geschaltet, begeben sich in einen meditativen Zustand und empfangen Botschaften,

ohne sie zu verstehen oder sich später an sie zu erinnern. Eines der bekanntesten Medien des 20.Jahrhunderts war Edgar Cayce.

Ein *Channel* dagegen arbeitet in einem meditativen, aber wachen Zustand; er oder sie versteht die Botschaften und teilt sie dem/der Fragenden unmittelbar mit, auch wenn er/sie sich nach Abschluß der Sitzung nicht immer an jedes Detail erinnert; er/sie kann bei diesem Vorgang auch selbst als Person aus den Botschaften lernen und sich mit ihrer Hilfe weiterentwickeln.

Es gibt unzählige Wesenheiten, die sich bei einem solchen Vorgang melden können, seien es Aufgestiegene Meister, Engel, Geistführer, Seelen Verstorbener, oder auch Wesen aus der sogenannten Astralwelt, einer Welt, auf der die Seelen sich vor ihrer Inkarnation auf der Erde aufhalten und wohin sie nach ihrem Tod zunächst zurückkehren. Wenig entwickelte „Medien" channeln vielleicht sogar eigene Persönlichkeitsanteile aus ihrem Unterbewusstsein.

Die Kanäle, die sozusagen „angezapft" werden, sind also nicht immer ungefährlich oder vertrauenswürdig. Denken wir nur an das lange Zeit beliebte „Tischerlrücken", mit dem man versuchte, Botschaften von Verstorbenen zu bekommen. Es ist ein Bereich, der einen durchaus an Abgründe heranführen oder die psychische Gesundheit in Gefahr bringen kann. Daher ist es äußerst wichtig, hier gut und seriös ausgebildet zu sein und nur mit Energien in Kontakt zu treten, denen man vertrauen kann. Dazu gehört – wie wir noch sehen werden – besonders das Höhere Selbst.

### *Die Bewusstseinsebenen*

Um dies alles zu verstehen ist es zunächst wichtig, sich die unterschiedlichen Bewusstseinsebenen des Menschen genauer anzusehen. Gemeinhin geht man davon aus, dass Bewusstsein nicht nur auf einer Ebene existiert, sondern auf verschiedenen Ebenen, die in unserer Psyche existieren und unser tägliches Sein beeinflussen.

Im Allgemeinen umfasst das Spektrum der Bewusstseinsebenen eine Bandbreite von 3 bis 20 verschiedenen Ebenen. Es handelt sich hier um theoretische Konzepte und Modelle, mit denen zahlreiche Philosophen und Wissenschaftler wie z.B. David R. Hawkins, Richard Barrett oder Ken Wilber versuchten, sich dem Phänomen menschliches Bewusstsein anzunähern. Jede Ebene repräsentiert dabei einen spezifischen Zustand oder eine bestimmte Qualität des Bewusstseins.

Vereinfacht ausgedrückt – und für das Verständnis im aktuellen Zusammenhang ausreichend – gibt es 3-4 Hauptbewusstseinebenen:

Das *Alltagsbewusstsein* könnte man als „Brille des Konkreten" bezeichnen. Es ist das Bewusstsein, in dem wir uns als Menschen in unserem täglichen Leben befinden, und ist geprägt von den Einflüssen der Kultur und dem Umfeld, in dem wir aufgewachsen sind. Auf dieser Bewusstseinsstufe empfindet sich der Mensch als ein Ich und nimmt sich als getrennt von anderen und seiner Umgebung wahr. Gedanken, Gefühle und Beziehungen zu anderen Menschen spielen hier eine entscheidende Rolle und die meisten verbringen den größten Teil ihres Lebens auf dieser Ebene.

Das *Unterbewusstsein* ist dann der Teil des Bewusstseins, der unterhalb der bewussten Wahrnehmungsebene liegt. Es bezieht sich auf die automatischen Prozesse des Gehirns, die unabhängig von der bewussten Steuerung ablaufen. Dazu gehören auch Gedanken, Gefühle, Eindrücke oder Erinnerungen, die nicht im Tagesbewusstsein präsent sind, aber quasi aus dem Untergrund heraus wirken, Verhalten und Reaktionen steuern.

Durch das Unterbewusstsein laufen viele kognitive Prozesse im Körper automatisiert ab, wodurch das Bewusstsein entlastet werden kann und der Mensch vor Reizüberflutung geschützt ist. Es ist wie eine Art Filter, durch den Informationen verarbeitet und bewertet werden. Es arbeitet auch während des Schlafs und wirkt häufig in Träumen. Impulse und Gedanken, die plötzlich auftauchen, können ebenso aus diesem Bereich kommen wie negative Gefühle, die mit einer konkreten Alltagssituation nichts zu tun haben. Auch hier ist das Ego/die Persönlichkeit noch aktiv. Es ist sozusagen ein Zwischenbereich zwischen dem Bewussten und dem Unbewussten.

Sigmund Freud führt hier noch eine weitere Ebene an – das *Unbewusste*. Der Hauptunterschied zwischen Unbewusstem und Unterbewusstem liegt in der Zugänglichkeit und Tiefe. Das Unterbewusstsein enthält Gedanken und Eindrücke, die nicht sofort bewusst wahrgenommen werden, aber bei Bedarf leicht ins Bewusstsein geholt werden können. Das Unbewusste dagegen bezieht sich auf tief verdrängte oder vergessene, meist aus der Kindheit stammende Inhalte, die laut Freud nur durch intensive psychoanalytische Arbeit ans Licht gebracht werden können.

Mit dem *Überbewusstsein* begeben wir uns schließlich auf die spirituelle Ebene. Es steht für eine umfassende, über das Menschliche hinausgehende Perspektive, bei der es um Sinn und Bedeutung des Lebens geht. Das individuelle Selbst hat sich – in der Regel durch einen Weg der Auseinandersetzung mit dem eigenen, aber auch dem Leben im allgemeinen – ausgedehnt, hat seine Verbundenheit mit Anderen, mit der Natur und dem Kosmos erkannt. Es ist vom Ego befreit. Mitgefühl und spirituelle Erkenntnis spielen von da an eine zentrale Rolle. Man sieht über die eigene Individualität hinaus und erkennt die universelle Einheit, was ein tiefes Empfinden von Ruhe, Frieden und einem Wissen über das, was richtig und gut ist, vermittelt.

Dieses Bewusstsein wird – je nach Philosophie oder Theorie – als ein Zustand verstanden, in dem spirituelle und mystische Erfahrungen angesiedelt sind, die oft als Erleuchtung oder Erwachen beschrieben werden. Aus ihm entspringt auch die Innere Stimme, die Intuition, die zugleich die Stimme des Göttlichen in uns ist.

### *Was ist das Hohe Selbst?*

Eine der auf jeden Fall vertrauenswürdigen Quellen für das Channeln ist das Hohe Selbst. Was versteht man darunter?

Man könnte das Höhere (oder auch „Hohe") Selbst als unseren persönlichen Draht zum Universum, zum „All-Einen" oder zum Göttlichen bezeichnen, als den göttlichen Funken in uns, von dem Jesus schon sagte: „Das Reich Gottes ist inwendig in euch" (Lukas 17, 21).

In der östlichen Philosophie, insbesondere im Hinduismus und Buddhismus, ist das Konzept eines Höheren Selbst seit Jahrtausenden verankert. Man findet es in Begriffen wie Atman oder Buddha-Natur, die ebenfalls die Existenz eines ewigen, unveränderlichen Kerns in jedem Individuum beschreiben, der jenseits des physischen und psychischen Selbst existiert.

Im Westen lässt sich die Idee des Höheren Selbst bis zu den Platonischen Lehren und der christlichen Mystik zurückverfolgen. In der Neuzeit wurde das Konzept durch esoterische und psychologische Strömungen weiterentwickelt, insbesondere durch Helena Blavatsky in der Theosophie und durch die Tiefenpsychologie Carl Gustav Jungs.

In der modernen Spiritualität wird das Höhere Selbst oft als Schlüssel zur Selbstverwirklichung und zum Erreichen einer höheren Bewusstseinsebene angesehen. Als Brücke zwischen unserem alltäglichen Selbst, also unserem „Ego" mit seinen individuellen Gefühlen, Verhaltens- und Denkweisen, und einem umfassenderen, kosmischen Bewusstsein, das allen  Wesen innewohnt, ist es der ruhige Beobachter hinter unseren Gedanken und Gefühlen, der unerschütterliche Teil unserer Existenz, der über die physische Existenz und das vergängliche Ego hinausgeht.

Es fungiert als Spiegel unseres wahren Wesens, unverfälscht von gesellschaftlichen Erwartungen, persönlichen Ängsten und den Masken und Fassaden des Alltags. Es ist die Konstante in uns, die im Wandel des Lebens Bestand hat, unser unveränderliches, wahres Selbst. Als dem Individuellen übergeordnete Instanz ist es frei von Subjektivität oder Egozentrik, ist zugleich in Verbindung mit dem All-Einen und dem allumfassenden Bewusstsein, gleichzeitig aber auch mit dem ihm zugeordneten Individuum.

Es führt uns liebevoll und sanft, aber bestimmt, niemals jedoch manipulierend. Es ist wie eine innere Stimme, die uns leitet, was wir häufig als Eingebung oder intuitives Gefühl bezeichnen. Dieser Stimme zu vertrauen ist in der Regel ratsam, aber in unserer vernunftgesteuerten Alltagswelt nicht alltäglich. Entscheiden wir uns anders, dürfen wir in der Folge meist eine Lernerfahrung machen.

Versuchen wir noch, den Unterschied zwischen Seele und Höherem Selbst genauer zu definieren, können wir die Seele als individuelle Energie beschreiben, die sich durch verschiedene Inkarnationen immer wieder in unterschiedlichen Formen und mit wechselnden Aufgaben und Eigenschaften ausdrückt. Das Höhere Selbst wiederum ist die spirituelle Essenz einer Person und ein Führer, der der Seele auf ihrer Reise durch das Leben hilft. Für ein bestimmtes Leben kann es auch Umstände und Erfahrungen mit auswählen, die der Seele Möglichkeiten bieten, sich weiterzuentwickeln. Es ist unser innerster Kern, unsere wahre Natur.

Zusammenfassend kann man sagen:

- Das Hohe Selbst (HS) ist nicht etwas von uns Getrenntes, sondern eine *Dimension des eigenen Bewusstseins*
- Es gibt nur ein Selbst, das Ich und Du und Wir ist und sich in allen Wesen und Phänomenen reflektiert
- Dieses Selbst im Zustand vollkommenen Bewusstseins nennen wir „*Gott*";
- Dasselbe Selbst im Zustand individuellen Bewusstseins nennen wir „*ich*";
- Dasselbe Selbst im Bewusstsein seiner Selbst als Ganzes *und* als Individuum nennen wir das „*höhere Selbst*"
- Das Hohe Selbst ist unser *ureigenstes Wesen*
- Es ist das, was wir vor der Geburt waren, was wir jetzt sind und nach dem Tod sein werden
- Es hat gewählt, durch das *Persönlichkeitsselbst* zu lernen
- Es inszeniert den Film unseres Lebens, gestaltet ihn, spielt die Hauptrolle darin und sitzt zugleich im Zuschauerraum

- In der Bewusstseinssphäre des HS herrscht eine *dynamische Vollkommenheit* – man weiß, alles ist vollkommen, so wie es ist, und zugleich ist alles in unaufhörlicher Veränderung, im Zustand des Fließens

- Im Zustand des Alltagsbewusstseins fehlt uns der Überblick, um diese Vollkommenheit zu erkennen, aber wir erleben Spuren davon als *„innere Stimme“*. Diese entspringt ganz offensichtlich einer Wirklichkeit, die weit über unser persönliches Begriffsvermögen hinausreicht und *sie hat immer recht*

- Das HS hat Bewusstsein über unseren Seelenauftrag, unser Potential, die Seele und das große Ganze und schafft eine Verbindung zwischen diesen Bereichen [7]

## *Woran erkennt man die Stimme des Hohen Selbst?*

Die Stimme des Hohen Selbst oder „Intuition“ vermittelt uns innere Eingebungen, die uns sagen, was für uns gut ist und was nicht. Sie ist ein Wissen, das aus dem Kern unseres Wesens auftaucht und zeigt sich als der erste Gedanken-Impuls, der nicht die Folge von Wahrnehmungen und Überlegungen ist, sondern einfach auftaucht.

Meist folgen ihm sekundäre (= „vernünftige“ Gedanken) auf dem Fuß, die den Funken echten Wissens hinterfragen und in der Regel ersticken, denn wir sind im allgemeinen nicht darauf trainiert, primäre Gedanken ernst zu nehmen.

Primäres Wissen ist ursprünglicher, grundsätzlicher als vernünftiges, aus Beobachtungen und Erfahrungen hergeleitetes. Wenn die innere Stimme spricht, „weiß man es einfach“ und man „weiß es ohne Zweifel“. Jedem dieser Gedanken und Mitteilungen liegt das Bewusstsein der Vollkommenheit zugrunde.

## *Die 3 Ebenen der Intuition und ihre Bedeutung für das Channeling*

Die niederste Ebene der Intuition ist der Instinkt; er geht von der Basis des Körpers, d.h. vom Wurzelchakra, aus und bezieht sich auf Belange des Überlebens; er ist sozusagen die animalische Form der Intuition. Für das Channeling ist der Kontakt zum Instinkt wichtig, weil er einen befähigt, höhere Eingebungen mit der materiellen Ebene zu verbinden, und verhindert, dass man den Boden unter den Füssen verliert.

---

[7] Quellen u.a.: Edgar Cayce: „Über das Höhere Selbst“, Goldmann Esoterik 1995
Safi Nidiaye: „Ihr Höheres Selbst“, Ullstein TB 2004

Die zweite Ebene ist dem Herzzentrum zugeordnet und bezieht sich auf das Thema der Beziehungen; im ausgeglichenen Zustand liebt man sich selbst und andere weder zu viel noch zu wenig. Offenheit und ein Gespür für das rechte Maß in dieser Hinsicht ermöglicht es beim Channeling, auf den liebenden Kern des Gegenübers einzugehen und sich dann auch wieder aus der Verbindung zurückzuziehen, ohne Egoenergie oder unerwünschte Bindungen zu hinterlassen.

Die dritte Ebene wird dem „Himmelsauge", d.h. der Verbindung von 3.Auge und Kronenchakra, zugeordnet. In Verbindung mit diesem Bereich kommt man in den Grundzustand des Channelns, in dem man hohe Energien empfangen und dadurch die eigene Persönlichkeit verfeinern, das eigene Potential aktivieren und steigern, gleichzeitig aber auch andere Menschen in dieses Schwingungsfeld mit hineinnehmen und in ihren geistigen und menschlichen Aspekten lesen kann.

### *Wie funktioniert der Kontakt und was gewinnen wir dadurch?*

Jede sich inkarnierende Seele nimmt sich eine Aufgabe vor, von der das Hohe Selbst Bewusstsein hat. Die Information darüber gelangt aus dem überpersönlichen Reich der Ideen für die Menschheitsentwicklung über die Regenbogenbrücke – eine Energieverbindung zwischen dem Kronenchakra und dem unviersellen Bereich – zum 3.Auge, das auch der Sitz des neutralen Beobachters ist. Dort wird das entsprechende Bündel von Ideen aufgerollt, geordnet und in ein Schema gebracht. Zum Ausdruck kommt die Information dann meist über das Halschakra, aber auch über Gefühle oder Körperempfindungen.

Mit dieser Energie sind wir auch in Kontakt, wenn wir ohne äußeren Grund überwältigende Freude, tiefen Frieden oder ein Gefühl von Geborgenheit, Liebe und Eins-Sein empfinden. Wir können sie auch erleben als Heilung von psychischen Wunden, als Trost oder Erfüllung, als Erlösung von Schuld, als plötzliches Auftreten hoher Emotionen, die uns über unser enges persönliches Gesichtsfeld hinaustragen. Obwohl die Verbindung immer da ist, empfinden wir sie nicht immer. Das Bewusstsein der Verbindung kann also zeitweilig verschwinden oder unklar sein, je nach dem jeweiligen Grad unserer Wachheit.

Auch unsere Sozialisation lässt die Verbindung immer mehr zurückgehen und wer – oft schon in der Kindheit – Sätze hört wie „du bildest dir das ein", „du spinnst", „du phantasierst", „man muss vernünftig sein", wird beginnen, an seinen Wahrnehmungen, an seiner inneren Stimme, zu zweifeln und sie immer mehr in den Hintergrund drängen.

Am Ende des Inkarnationsprozesses – also als Erwachsene – sind wir im Normalfall mit dem Alltagsbewusstsein und der Persönlichkeit identifiziert. Wir denken: „es gibt nur das, was ich mit meinen 5 Sinnen wahrnehmen, was ich beweisen kann", „ich bin Frau, Mutter, verheiratet, angestellt, 40 Jahre alt, usw.

Wir haben gelernt, auf der Alltagsebene zu funktionieren, um zu überleben und Anerkennung und Liebe zu bekommen. Erworbene Blockaden in den Energiezentren – besonders in den unteren – oder solche aus anderen Leben können den Kontakt ebenfalls verstopfen.

Die Existenz des göttlichen Funkens in uns nicht nur für möglich zu halten, sondern ihn auch in sich zu entdecken, kann also ein langer Weg sein durch Blockaden aus Schmerz, Angst, Egoismus, negativen Gedanken und Mangel an Vertrauen in die Möglichkeit göttlicher Führung.

Wer ausschließlich im Alltagsbewusstsein sein Leben zubringt und mit dem Persönlichkeitsselbst identifiziert ist, wird diesen Weg kaum jemals antreten. Wer sich jedoch auf den Weg einlässt und die Verbindung zum Hohen Selbst, und damit zu der uns allen innewohnenden Quelle bedingungsloser Liebe, Weisheit, Klarheit und universeller Verbundenheit, schrittweise entwickelt und langfristig pflegt, kann nur gewinnen und letzten Endes zu sich nach Hause kommen.

Am Beginn dieses Weges werden sich Phasen des In-Kontakt-Seins abwechseln mit solchen, in denen man den Kontakt wieder verliert. Mit fortgesetzter Auseinandersetzung mit den eigenen Blockaden und wiederholtem Kontakt mit dem Hohen Selbst wird die sogenannte Regenbogenbrücke jedoch breiter und wenn die Energie des Hohen Selbst einströmt, kommt es zur Seelenverschmelzung. Das Bewusstsein verlagert sich dann von „ich bin eine Persönlichkeit" zu „ich bin mein Hohes Selbst, weit und unendlich, und als solches in meine Persönlichkeitsstruktur inkarniert".

Nach einer oft tiefgreifenden Transformation öffnet sich eine Tür zu einem Verständnis unseres inneren Wesens, zu Authentizität und Selbstverwirklichung. Wir erfahren eine erweiterte Perspektive auf unser Leben und einen höheren Bewusstseinszustand. Herausforderungen können als wertvolle Lernerfahrungen und Wachstumschancen begriffen und angenommen werden. Unsere Intuition und das Vertrauen in unsere innere Führung wird gestärkt und es ist ein Leichtes, Wege zu wählen, die zu Glück und Erfüllung führen.

Im Kontakt mit dem Hohen Selbst erhöht sich die Energie und, dadurch angeregt, beginnt die Lebensenergie sich in einem auszudehnen; sie fließt auch zu eingefrorenen Bereichen und alten Mustern, die durch die Schwingungserhöhung in Bewegung kommen, was zunächst Angst und Abwehr auslösen kann; erst mit der Zeit und dem Üben der Schwingungsanhebung entsteht eine Ebene des Vertrauens. Man erhält Botschaften, die Hilfe und neue Perspektiven für das eigene Leben aufzeigen und der eigenen Führung und Inspiration dienen. Heilungsenergie und die Hilfe geistiger Wesenheiten steht einem dann zur Verfügung.

Sobald die Persönlichkeit so durchlässig und gereinigt ist, dass sie nur mehr der Diener höherer Energien ist, kommt man schließlich in einen Zustand der Meisterschaft und es steht einem eine ungeheure Menge intuitiven Wissens zur Verfügung. Damit das geschehen kann, müssen die Muster der Vergangenheit, die Energie binden, aufgelöst werden.

Wir erreichen dann einen Zustand innerer Ausgeglichenheit und Ruhe und können den Herausforderungen des Lebens gelassener begegnen. Kreative Impulse und Inspirationen ermöglichen uns, unser Potenzial voll zu entfalten und unsere einzigartigen Talente voll auszuschöpfen. Unsere emotionale Intelligenz und unser Einfühlungsvermögen werden gestärkt. Wir sehen die Welt nicht nur durch unsere eigenen Augen, sondern auch aus der Perspektive anderer.

### *Die erweiterte Wahrnehmung*

Beim Channeln befinden wir uns – wie bereits erwähnt – in einem erweiterten Bewusstseinszustand und in einem solchen gibt es andere Formen der Wahrnehmung, die dem Bereich des Überbewusstseins zuzuordnen sind. Dazu gehören

- Energiesehen – die Energiemuster aus Haltung, Miene, Zustand des Körpers ablesen
- Hellfühligkeit – die Energiemuster eines anderen fühlen
- Hellsichtigkeit – die Energiemuster eines anderen sehen (mit dem 3.Auge); äußert sich

  - als Aurasehen (Farben)

  - als Bildersehen im 3.Auge über den Zustand des anderen
- Intuition od. Seelenlesen – direkte Kommunikation auf der Ebene des Hohen Selbst; Energiemuster als Teil der Lektion der Seele wahrnehmen

Erweiterte Wahrnehmung wird behindert durch eine Beschränkung auf die „Alltagswahrnehmung" („es gibt nur das, was ich beweisen kann"), durch Identifizierung mit durch eine Wahrnehmung ausgelösten Emotionen und darauf folgenden Handlungsimpulsen und durch Blockaden in den unteren Chakren, welche Energie binden, die dann für den Kontakt mit dem Hohen Selbst nicht zur Verfügung steht.

## *Voraussetzungen für einen klaren Kanal*

Um ein klarer Kanal zu werden und Botschaften zu empfangen, ist zunächst die übergeordnete Absicht des Channels von Bedeutung. Sie entscheidet über die Ebenen, zu denen er Zugang bekommt und welche Energiequalitäten er anzieht. Dies hängt ausserdem von seinem Bewusstseinszustand ab. Ein Channel muss sich also über seine Intention klar werden, die zugleich als Magnet und als Filter wirkt.

Die Qualität der Verbindung hängt auch davon ab, wie sehr sich ein Channel selbst kultiviert hat, denn Gedankenmuster – wie z.B. „ich bin es nicht wert, mit dem Göttlichen in Verbindung zu sein" – verbunden mit ungeklärten Emotionen können die Botschaften des Hohen Selbst verzerren.

Auch eine Klärung aller Chakren und Arbeit an sich selbst ist somit für die Klarheit des Kanals von großer Wichtigkeit.

Erdung (1.Chakra) und Zentrierung (2.Chakra) sind von entscheidender Bedeutung, denn Channeling sollte keine Flucht aus der irdischen Realität darstellen, und Channeln durch Menschen, die nicht geerdet sind, lässt auch die Klienten abheben und schadet ihnen dadurch.

Channelt man, ohne zentriert zu sein, besteht die Gefahr, dass man mit der Energie zu sehr zum Empfänger der Botschaft hinübergeht; ist die energetische Nabelschnur – die Verbindung zwischen Seele und Körper – die über das Nabelchakra besteht, gestört, besteht auch die Gefahr, dass das Kanal-Sein von anderen Energien überlagert wird, was die Klarheit des Kanals beeinträchtigt.

Bei Unklarheit im 3.Chakra können Machtausübung, Manipulation, starkes Wollen und alle Arten von Emotionen das Channeln beeinträchtigen.

Bei Unklarheit in Beziehungen (Herzchakra) wird die Beziehung zum Klienten unrein, die Gefahren sind Vertrauensmissbrauch und an Bedingungen geknüpfte Liebe. Ohne Verbindung zum Herzen entsteht Besserwisserei, bei zu wenig Selbstliebe ein Helfersyndrom; hat der Channel dagegen das 4.Chakra entwickelt, ist er fähig, in allen Menschen zum liebenden Kern zu kommen und er kann die, die er liebt, loslassen und ihnen ihren Entwicklungsprozeß einräumen.

Für das Channeln braucht man auch den Mut, das auszusprechen, was da ist bzw. was man wahrnimmt; ohne einen Reinigungsprozeß des 5.Chakras könnte man als Sprach-Channel gar nicht arbeiten.

Für die Klarheit des Erkennens dessen, was hinter der äußeren Form liegt, das Benennen der kosmischen Zusammenhänge und Prinzipien ist das 6.Chakra notwendig; ist es unklar oder blockiert, werden nicht die wahren Informationen durchkommen und es kann auch dadurch wieder zu Machtausübung und

Übertragung eigener Vorstellungen auf das Gegenüber kommen. Die Fähigkeit, eine neutrale Beobachterposition einzunehmen („ich habe einen Körper/Gefühle", ... „ anstatt „ich bin mein Körper/meine Gefühle, ...) ist von größter Wichtigkeit und muss gegebenenfalls trainiert werden.

Ohne eine Öffnung das 7.Chakras schließlich ist Channeln überhaupt nicht möglich und erscheint auch nicht sinnvoll, denn man hat dann keinen Zugang zu überpersönlichen Bereichen.

## *Die Kennzeichen einer Botschaft des Hohen Selbst*

Eine Botschaft des Hohen Selbst ist immer von Liebe, Nüchternheit und einer Art gelassener Heiterkeit getragen, selbst wenn der Inhalt aufrüttelnd sein sollte. Die erzeugte Gefühlsresonanz ist harmonisch, der Inhalt der Aussage zutiefst plausibel und vertraut, auch wenn er zuerst vielleicht überrascht („das habe ich ohnehin gewusst").

Es wird niemals gewertet, sondern das Potential einer Situation oder Herausforderung, die vorhandenen Stärken des/der Fragenden werden aufgezeigt. Zudem wird immer nur das durchgegeben, was der/die Klient/in im Augenblick annehmen kann. Das Hohe Selbst baut also mitunter einen Schutzfilter ein. Wäre nämlich die übermittelte Schwingung zu hochfrequent, die Vision zu intensiv für das augenblickliche Bewusstsein des/der Klienten/in, würde nicht das Potential gefördert, sondern Ängste und Schutzhaltungen aktiviert. Daraus folgt: es gibt manchmal keine oder eine unklare Antwort. Auch ist die Zukunft nie festgelegt, sondern wird als Möglichkeit aufgezeigt, die vom freien Willen des/der Klienten/in abhängt.

Sollte der/die Klient/in in einer Botschaft im Vergleich zur übrigen Menschheit als etwas Besonderes dargestellt und somit dem Ego geschmeichelt werden, ist jedoch Vorsicht geboten. Dasselbe gilt bei Botschaften, die einen herabsetzen oder verurteilen, bei Botschaften mit finsteren, beängstigenden oder bedrückenden Elementen, einengenden Forderungen, Bedingungen, Drohungen oder Moralvorstellungen und bei Botschaften, die negative Gefühle auslösen. Genaue Zeitangaben und andere unumstößliche Vorhersagen schließlich sind genauso ein Grund, die Qualität des Channels ernsthaft zu hinterfragen.

## *Der Ablauf einer Channeling-Sitzung*

Bei einem Channeling des Hohen Selbst sitzen sich Klient/in und Channel in einem für beide passenden Abstand gegenüber. Beide schließen die Augen und atmen entspannt. Wenn sich beide bereit fühlen, spricht der Channel ein für ihn persönlich durchgegebenes, als Signal für den Frequenzwechsel dienendes Eröffnungsgebet und fordert den/die Klient/in anschließend auf, eine erste Frage zu stellen.

Der weitere Ablauf ergibt sich aus den gestellten Fragen und die Sitzung wird nach der für den/die Klient/in in diesem Augenblick ausreichenden Beantwortung – in der Regel mit einer abschließenden Botschaft und einem Dank an das Hohe Selbst – beendet.

Zum gegebenen Zeitpunkt ziehen sich beide aus der aufgebauten Energie zurück, öffnen die Augen und tauschen sich bei Bedarf noch über das Gehörte aus. Die auf Band aufgenommene Botschaft wird mit der Empfehlung, sie sich nochmals – auch mehrmals – anzuhören, dem/der Klientin ausgehändigt.

### *Vom Wert des Channelns in der energetischen Praxis*

Ein Channeling Hohes Selbst hilft dem/der Klient/in, Antworten auf Fragen zu erhalten, die bis dahin auf anderem Weg nicht zu finden waren, in Bezug auf die Unsicherheit herrschte, und eine höhere Perspektive vonnöten schien. Es kann Klarheit schaffen und eine Entscheidungshilfe sein. Man erhält aber auch häufig eine Bestätigung für Dinge, die man ohnehin ahnte, derer man sich aber nicht sicher war. Das Vertrauen in sich selbst wird ebenso gestärkt wie der Mut, in schwierigen Situationen zum Wohle des Ganzen zu handeln.

# Essenzarbeit für Körper, Geist und Seele

Grundlage für meine Essenzarbeit war das 3-jährige ESSENCE Training bei Kabir Jaffe und Ritama Davidson in Wien und Frankfurt von 1996-1999.

## *Was ist Essenzarbeit?*

Auch bei dieser energetischen Methode geht es letzten Endes wieder um ein Wachwerden in Bezug auf unsere Göttlichkeit und die Umsetzung des Erkannten. Der Weg dorthin, die Vorgangsweise, ist jedoch eine andere als bei den bisher geschilderten Methoden.

Wie bereits mehrfach erwähnt, geht es auf dem Weg in die Essenz – in unser wahres, ursprüngliches Wesen – immer um die Auflösung von Blockaden und die Integration der unteren Energie-Ebenen, repräsentiert durch die sogenannten unteren Chakren.

Die Verbindung zu den höheren Ebenen ist oft durch die Bindung des Bewußtseins durch Angst und Überlebenskampf (Wurzelchakra) oder die Suche nach Anerkennung (3.Chakra) blockiert. Glaubenssätze, Ängste, alte Muster halten uns von unserer Essenz, von dem durch unsere Chakren im Idealzustand repräsentierten Echten ab.

Jeder Körper reflektiert in seiner Struktur die Aufgabe der Seele. Der Körper trägt eine genetische Vergangenheit, den Einfluß der nationalen Umgebung, der

familiären Umgebung und zuletzt der persönlichen Entwicklung in diesem Leben. Man kann also im Körper die Grundstruktur sehen, die Geschichte der Struktur und deren gegenwärtigen Zustand.

Probleme sind das Resultat von Energieblockaden auf der jeweiligen Ebene. Sie erfüllen für einen Teil der Psyche eine bestimmte Funktion. Energiemuster formen die eigene Welt. Ändert man sie, ändert sich auch die Welt.

Die Essenzqualität, unser mitgebrachtes seelisches Potential, zieht sich zurück, wenn sie nicht gelebt werden kann. Es entsteht ein energetisches Loch. Um die zurückgezogene Essenz bildet sich dann eine Masse aus negativen Gefühlen: Schmerz, Trauer, Hoffnungslosigkeit, Wut.

Jedes dieser Gefühle ist mit Erinnerungen und mit bestimmten Personen verbunden. Aus den entsprechenden Erlebnissen sind Glaubenssätze entstanden, die unsere Sicht auf die Welt und dementsprechend auch unsere weiteren Erfahrungen prägen.

Um den Schmerz nicht zu spüren, bildet man so etwas wie Schwielen aus. Dabei handelt es sich um tatsächliche, energetische Substanzen. Das funktioniert zwar, man verliert aber den Kontakt zu dem, was dahinterliegt. Die Energie der Seele fließt nicht mehr richtig. Druck entsteht im Inneren. Um trotzdem noch mit der Umwelt umgehen zu können, greift man zu Kompensationen.

Die meisten Menschen spüren das gar nicht und werden panisch, wenn man sie darauf hinweist, weil sie ahnen, daß sie ihre Persönlichkeit loslassen müßten.

Der Schlüssel zur Heilung ist das Herauslassen der negativen Gefühle, die die Essenz verdecken. Je heftiger die Ausbrüche, desto schneller ist man durch. Die Energie der Person wird dadurch angehoben.

Ein integrierter Mensch hat die oberen Chakren geöffnet, die unteren transformiert und beide miteinander in Harmonie gebracht. Ziel der Essenz-Arbeit ist ein Mensch mit offener Krone, bei dem die Energie in den Körper und durch die Zentren nach außen gelangt. Wir haben alle Energiequalitäten in uns und das Endziel wäre, sie alle auszudrücken und leben zu lassen.

## *Voraussetzungen für die Heilung nach der Essenz-Methode*

Die wichtigste Arbeit für Therapeut/innen ist die Heilung des zweiten Chakras. Erst danach kann sich die Spiritualität öffnen, da man ansonsten immer wieder in die unaufgelöste Thematik zurückgezogen würde.

Der/die Therapeut/in sollte grundsätzlich zentriert und offen sein. Bewußtheit und Resonanz sind seine/ihre wichtigsten Werkzeuge. Das stärkste heilerische Instrument ist aber die Übertragung der Essenz, die der/die Heiler/in in sich selbst gefunden hat.

Oft muß der/die Therapeut/in die Kraft für den/die Klienten/in liefern, da diese/r sie selbst noch nicht hat. Der/die Therapeut/in muß sich dann mit dem Hohen Selbst des/der Klient/in verbinden und es für ihn/sie channeln, den positiven Zustand halten, der für den/die Klienten/in noch nicht sichtbar ist. Er/sie sollte immer das Chakra aktivieren, an dem er/sie gerade mit dem/der Klienten/in arbeitet.

Die Meisterschaft der Kunst eines/einer Heilers/in besteht darin, die Schutzschicht des/der Klient/in zu durchdringen, ohne zu verletzen. 90% der Heilungsarbeit ist der Umgang mit den Abwehrstrategien!

Ist das Dritte Auge des/der Behandlers/in offen, kann er/sie das Energiefeld des/der Klient/in genauso beobachten, wie das eigene, und es verstehen.

Man kann an Blockaden arbeiten oder an dem, was dahinterliegt. Man arbeitet am Energiefeld und zugleich an der Bewußtheit der Person. Entsteht dadurch ein neues Energiemuster, kann Heilung auf der physischen und auf der Seelenebene stattfinden.

Da jedes Energiemuster gestaute Emotionen und Erinnerungen enthält, kann man durch Atmen Bewegung hineinbringen, die sich dann z.B. als Tränen oder Körperbewegungen äußert. Je tiefer man dabei geht, desto eher kann sich die Energie lösen und ein neuer Umgang kann geschehen.

Danach muß dem/der Klienten/in Zeit zur Integration gegeben werden.

### *Die Unterpersönlichkeiten*

Ein wichtiger Teil der Essenzarbeit ist das Wissen um und die Auseinandersetzung mit den sogenannten Unterpersönlichkeiten. Es sind Persönlichkeitsanteile aller Menschen, die aus dem Unterbewusstsein wirken und das Verhalten im Alltag beeinflussen. Meist sind ein oder zwei von ihnen vorherrschend – z.B. das Innere Kind oder der Innere Richter – und die entsprechende Person glaubt dann, solange sie unbewußt ist: „das bin ich".

Die Unterpersönlichkeiten sind um das wahre Selbst herumgebaut. Genetik, Kultur, Familie, Nation, Religion, Erfahrungen, Seele, Karma, bewußte Intention beeinflussen alle die Strukturen, die um unser Selbst liegen. Sie enthalten alle existierenden Archetypen, alles, was der Menschheit je passiert ist.

Die Persönlichkeitsanteile, die man unterdrückt, kommen in der Regel von außen auf einen zu. Man lehnt sie in anderen vielleicht ab, weil man sie in sich selbst nicht wahrhaben und akzeptieren kann.

Beziehungen werden anfangs meist nur zwischen bestimmten Unterpersönlichkeiten eingegangen, die sich gut verstehen. Erst wenn die Beziehung stabil geworden ist, wagen sich auch die „dicken Fische" aus dem Keller, die – allerdings unbewußt – genauso am Zustandekommen der Beziehung beteiligt waren. Dann sagt man: „Du warst so nett, als ich dich kennengelernt habe, was ist nur aus dir geworden?" Man hat also in Beziehungen gute Chancen, an sich zu arbeiten, sofern man bereit ist, gemeinsam die inneren Welten zu erforschen.

Es gibt in diesem Zusammenhang verschiedene Arten von Mechanismen, von denen manche gesünder sind als andere:

Emotionale Mechanismen bewegen sich zwischen emotionalem Drama und „so tun, als wäre nichts". Mit Sozialen Mechanismen versucht man, so zu werden, wie man meint, daß einen die anderen haben wollen. Die meisten Konversationen spielen sich auf dieser Ebene ab: man beweist sich gegenseitig, wie sehr man „es geschafft hat".

Man wird diese Strukturen niemals wirklich los, man kann nur lernen, mit ihnen umzugehen. Werden sie geklärt, kommt das wahre Selbst zum Vorschein. Zunächst entsteht jedoch ein Gefühl der Leere, da man eine Zeit lang nicht mehr weiß, wer man ist.

Die bewußte Persönlichkeit verhält sich dann gegenüber ihren Unterpersönlichkeiten wie der Dirigent gegenüber dem Orchester oder der Kutscher auf einem Pferdegespann. Sie ist mit ihren Unterpersönlichkeiten nicht identifiziert, sondern beobachtet sie und spielt mit ihnen.

Hier einige Beispiele:

*Der Beschützer-Kontrollor*
ist der oberste Chef aller Unterpersönlichkeiten. Er sorgt im Wesentlichen dafür, dass man überlebt. Er vermittelt: „Wenn du diese Ziele nicht erreichst, wirst du sterben". Seine Hauptemotion ist Angst.

Je mehr Erfolg jemand hat, desto größter wird die Angst, wieder abzusteigen, und desto aktiver muß der Beschützer-Kontrollor sein. Die Spannung wird größer und größer und die Leute entfernen sich immer mehr von sich selbst.

Da Angst eine Emotion des Basischakras ist und Krone und Basis zusammenarbeiten, kann die Angst durch die Öffnung der Krone geheilt werden, d.h. durch die Erfahrung, daß man ein unzerstörbares, ewiges Energiewesen ist. Dann kann man vertrauen und es gibt nichts, was man fürchten müßte – keinen Verlust, keine Veränderung.

Der Beschützer-Kontrollor hat sich in der Kindheit herausgebildet, um den extrem verletzlichen Kern des Kindes zu schützen. Im Verlauf der Entwicklung wird die Schutzschicht immer dicker, der Kern immer weniger spürbar, so daß es einem auch nicht mehr klar ist, daß man in Schutzmechanismen gefangen ist. Beim Erwachsenen sind dann die meisten Gedanken, der Großteil des Verhaltens und die Emotionen, die man zulassen kann, nur das Schutzsystem in Aktion.

Dieses System war ursprünglich notwendig und auf unserer Seite, hindert uns aber später daran, unsere Essenz zu spüren und zu leben. Man kann nicht mit ihm kämpfen, denn es gewinnt auf jeden Fall. Man kann es auch nicht endgültig loswerden. Es ist aber lernfähig, wenn man in Resonanz mit ihm tritt und sich mit ihm anfreundet.

Die Hauptaufgabe des Beschützer-Kontrollors ist es, Emotionen niederzuhalten, besonders die, welche vom Basischakra kommen: Ärger, Wut, Aggression, Flucht, Kampf – d.h. alles, was Kinder noch instinktiv ausleben. Es geht also um die Sublimierung der Basis-Instinkte. Dazu erzeugt der Beschützer-Kontrollor Druck. Das Gros der Menschen lebt identifiziert mit dem Beschützer-Kontrollor und daher in ständiger Angst.

Selbstmord ist eine Reaktion des Beschützer-Kontrollors auf das panische Gefühl, die Gewalt über das zu verlieren, was er unterdrückt. Er will damit – so glaubt er – die Person schützen vor der Überflutung durch nicht handhabbare und bedrohliche Gefühle. Sein Grundgefühl ist vor allem die Angst vor Schmerz und wenn der Schmerz zu groß wird, trifft er die Wahl, die Person zum Selbstmord zu drängen anstatt das Risiko einzugehen, den Schmerz auszuhalten.

Wenn diese Energien jedoch herauskönnen, fühlt man sich lebendig. Öffnen sie sich, kommt zuerst Schmerz, dann das, was sich öffnen möchte. Am meisten schützt dieses System die Mutter, denn sie war überlebenswichtig. Es hindert einen daher daran, zu fühlen, was man wirklich über sie gefühlt hat.

*Der Kritiker*
ist der destruktivste Faktor in der menschlichen Seele. Er agiert auf allen Ebenen und behindert Genuß und das Bestreben, sich das Beste aus allem zu holen.

Der Kritiker fällt meist Urteile über Themen der unteren Chakren, die als teuflisch betrachtet und daher gerne auch durch die „schönen Energien" der höheren Chakren maskiert werden. Er hat sich vor allem im 6.Chakra entwickelt, um die Instinkte unter Kontrolle zu halten. Er hat also eine sinnvolle Funktion und kann nicht entfernt werden. Bestenfalls kann der Umgang mit ihm gelernt werden.

Diese Unterpersönlichkeit hält das Gros der Menschen zu 95-99% unter Kontrolle. Er hat bestimmte Lieblings-Standardsätze wie „Da hättest Du besser vorher darüber nachgedacht" oder „Du bist eben ein Versager". Meist glaubt man dieser Stimme und sinkt in sich zusammen, denn man merkt nicht, daß es sich um eine Unterpersönlichkeit handelt. Das führt dann oft zu Selbstbestrafung.

Erst wenn man gelernt hat, mit ihm umzugehen, kann man „Ja" zum Leben sagen und beginnen, auszuprobieren, sein Leben kreativ zu gestalten.

*Der Richter*

ist die nach außen gerichtete Stimme des Kritikers. Er hat, wie dieser, eine Reihe von Idealen, die zum Teil unserem christlichen Erbe – oder auch dem aus anderen Kulturkreisen – entstammen, zum Teil auch neu sind (etwa aus dem New Age). Man vergleicht sich mit diesen, um dann festzustellen, dass man ihnen wieder nicht genügt hat.

*Der Perfektionist*

mit seinen Sekretären, dem Bestrafer und dem Antreiber, ist eine weitere, aus dem Unbewussten wirkende Unterpersönlichkeit.

*Der Skeptiker*

ist ebenfalls Teil des Beschützer-Kontrollors. Er hat gute Gründe für seine Skepsis, wenn es um das Aktivieren des 3.Auges geht, denn wir sind von allen Arten von Energien umgeben, von lichten und dunklen.

*Der Rebell*

schließlich ist trickreich als Muster, weil er nicht Teil des sozialen Gefüges ist. Aber auch er ist ein mögliches Gefängnis. Er ist eine Form des trotzigen Kindes.

## *Ablauf einer Sitzung nach des Essenz-Methode*

Es gibt unterschiedliche Zugänge für diese Heilarbeit. Am umfassendsten und wirkungsvollsten hat sich für mich jedoch die Arbeit mit dem Körper in Verbindung mit dem Hohen Selbst und den Unterpersönlichkeiten erwiesen.

Dabei sitzt man einander gegenüber und der/die Behandler/in fragt den/die Klienten/in, welches Problem er/sie hat.

Der Ablauf der Sitzung wird erklärt und man einigt sich auf die Formulierung der im Augenblick vorherrschenden Frage.

Der/die Behandler/in führt den/die Klienten/in, der/die die Augen geschlossen hat, in eine Meditation von unten nach oben durch die Chakren und über die Regenbogenbrücke in die Verbindung mit dem Hohen Selbst.

Ist diese zustande gekommen, stellt der/die Klient/in seinem/ihrem Hohen Selbst die vereinbarte Frage und wartet die Antwort ab. Diese kann auf unterschiedlichste Weise erfolgen, z.B. in Form eines inneren Bildes, eines Satzes oder eines Körpergefühls.

Der/die Klient/in teilt dem/der Behandler/in mit, was er/sie wahrnimmt, und diese/r führt ihn/sie durch den weiteren Prozess, indem er/sie Fragen stellt, eigene Wahrnehmungen dazu mitteilt oder den/die Klienten/in selbst als einen oder mehrere seiner/ihrer angesprochenen Körperteile sprechen lässt.

Ein solcher „Energetischer Dialog" kann Klarheit über die Hintergründe eines Problems bringen, indem z.B. mit Teilpersönlichkeiten wie dem Inneren Richter, dem Inneren Kind usw. gesprochen wird, die meist an einem Thema mitwirken.

Der erste Schritt ist dabei, herauszufinden, was die Teilpersönlichkeit möchte, und sie zur Zusammenarbeit zu gewinnen. Jede Teilpersönlichkeit ist im Grunde auf unserer Seite, sie kann aber zerstörerisch wirken, wenn sie der Meinung ist, daß sie einem so am besten hilft. Die einzige Chance ist, sie nicht zu bekämpfen, denn in einem Kampf wäre sie auf jeden Fall Sieger.

Andere Teil- oder Unterpersönlichkeiten können sich eventuell hineindrängen, während man mit einer bestimmten spricht. Sie sind aber sehr lernfähig, wenn man sie zur Zusammenarbeit gewinnt.

Hauptteil dieser Methode ist also das Fragenstellen. Dadurch wird das Bewußtsein des/der Klienten/in auf etwas Bestimmtes gelenkt, er/sie wird aber nicht festgelegt, sondern kann selbst die Antwort finden.

Sollte der/die Klient/in verwirrt sein, hilft der/die Behandler/in durch weitere Fragen wie z.B.: „wie heißt das Gefühl, das Du gerade hast?", „Wo spürst Du es?" „Kennst Du es schon lange?" „Welcher Glaubenssatz steht dahinter", etc.

Man kann davon ausgehen, daß der/die Klient/in sich vor dem jeweiligen Gefühl fürchtet oder davor, etwas verändern zu müssen, oder auch vor dem Schmerz. Als Therapeut/in steht man außerhalb der Verwirrung, ist ruhig und aufmerksam. Oft muß die Frage mehrmals wiederholt werden, da sie nicht immer sofort verstanden wird. Kindheits-Kommunikationsmuster können sich auf Seiten des/der Klienten/in einschalten, z.B. Nicht-erwischt-werden-Wollen.

Es ist auch wichtig, daß sich der/die Klient/in durch den Tonfall der Fragen nicht wie bei einem Verhör, sondern angenommen fühlt.

Man spricht dabei einen Teil der Person an, nicht die Person als Ganzes (um die Identifikation zu vermeiden). Man versucht, diesen Teil genauer einzugrenzen, wer er ist, was er will, etc. Als Behandler/in muß man dabei sehr wach und wirklich interessiert sein.

Die richtige Frage zu stellen kann einen Volltreffer bedeuten.

Sollte der/die Behandler/in das Gefühl haben, dass es für den/die Klienten/in hilfreich wäre, die Hände auf eine Stelle aufzulegen, fragt er/sie um Erlaubnis und handelt entsprechend. Auch Vorschläge, wie der/die Klient/in selbst seinen/ihren Körper bei Bedarf bewegen oder die Haltung verändern kann, sind natürlich möglich.

Die Übersteigerung einer gewohnten Haltung kann helfen, sie zu spüren. Man kann den/die Klienten/in dann fragen, ob er/sie so leben will, und er/sie kann selbst entscheiden. Andernfalls würde die Psyche wieder mit einem Trick entwischen.

Wenn die Psyche nicht will, muß man die Person den Schmerz des Gefängnisses spüren lassen, indem man die Mauern verstärkt!

Haben Behandler/in und Klient/in das Gefühl, dass für den Augenblick genug Fragen beantwortet sind und gelöst werden konnte, was gerade möglich war, bedanken sie sich beim Hohen Selbst. Der/die Behandler/in empfiehlt dem/der Klienten/in, bewusst tief zu atmen, den Atem bis in die Erde hinein zu lenken und anschließend in seinem/ihrem Tempo bewusst den Körper wieder wahrzunehmen und die Augen zu öffnen.

Sollte es danach noch nötig sein, kann man sich auch über die Sitzung miteinander austauschen und die weitere Vorgehensweise besprechen.

### *Wert der Essence-Methode für die energetische Praxis*

Die Essence-Methode führt in der Auseinandersetzung mit anstehenden Themen unweigerlich in die Tiefe und zur Wurzel eines Problems. Sie ist unter allen bisher beschriebenen Methoden diesbezüglich am effektivsten. Gerade das kann aber bei Klienten/innen Angst auslösen, insbesondere wenn sie ihr Leben bis dahin in der Verdrängung heikler Gefühle verbracht haben. Es braucht also Mut und vor allem auch Vertrauen zum/zur Behandler/in, um sich auf diesen Weg zu begeben. Das Geschenk ist jedoch eine Lösung vieler belastender Erfahrungen und eine tiefgreifende, heilende Transformation.

# Meridiantechniken

Eine der einfachsten Meridiantechniken gegenüber z.B. Akupressur und Akupunktur, ist das auch unter dem Namen „Strömen" bekannte

## Jin Shin Jyutsu

Vor vielen Jahren, als ich mit Schmerzen in den Beinen in der U-Bahn saß, empfahl mir eine Energetiker-Kollegin, die Arme überkreuz vor der Brust unter die Achseln zu legen – wunderbar! Ich kannte damals weder den Namen dieser Methode, noch hatte ich irgendwelche Informationen darüber. Noch davor – als eine der Leiterinnen eines Seminarzentrums in Wien – mietete sich bei uns ein junger Mann ein, um anderen die Kunst des „Strömens" beizubringen. Und auch als ich diese Bezeichnung in einem Frauenkreis zum ersten Mal hörte, reagierte ich noch nicht mit Interesse darauf. Dann die erste, „zufällige" Begegnung mit einem Buch bei einem Kurzurlaub in Oberösterreich: Alice Burmeister & Tom Monte „Heilende Berührung" und eine weitere faszinierende Reise begann …

### *Die Geschichte*

Wie Waltraud Riegger-Krause in ihrem Buch „Jin Shin Jyutsu, die Kunst der Selbstheilung durch Auflegen der Hände" erzählt, begann die Geschichte dieser Methode mit einem jungen Japaner. [8]

Jiro Murai (1886-1960) war der zweite Sohn einer angesehenen Arztfamilie am kaiserlichen Palast. Da in seiner Familie immer die Erstgeborenen Arzt zu werden hatten, hatte er alle Freiheiten, das zu tun, wozu er Lust hatte.

Er studierte an der Technischen Universität, aber es war ihm zuwenig. Er wollte das LEBEN studieren! So begann er, in Extremsituationen auszuprobieren, wie sein Körper auf gewisse Dinge reagierte. Er aß zB. drei Wochen nur Fisch oder nur Reis und beobachtete sich genau. Es gab auch Ess- und Trinkgelage mit seinen Freunden...

Durch diese Lebensweise litt seine Gesundheit und es ging ihm immer schlechter, bis ihm kein Arzt mehr helfen konnte. Er war da gerade einmal 26 Jahre alt. Aus eigenem Willen setzte er alles auf eine Karte und zog in ein Haus in den Bergen, um dort weiterzuleben oder zu sterben.

Er meditierte viel, ahmte die Haltungen der Buddhastatuen – auch Mudras genannt – nach und erlebte so verschiedene Bewußtseinszustände. Sein Körper wurde immer

---

[8] Waltraud Riegger-Krause „Jin Shin Jyutsu, die Kunst der Selbstheilung durch Auflegen der Hände",
Irisiana-Verlag 2012

kälter und er war schon bereit zu sterben, aber am siebenten Tag überkam ihn ein Feuer und er geriet in einen Zustand von tiefem inneren Frieden.

Er wußte, dass dies von den Mudras und der Meditation gekommen war. Er gelobte daraufhin, sein Leben der Erforschung dieser Fingerhaltungen zu widmen. Er las viel in alten Schriften (zB. im Kojiki, dem Buch der alten Schriften, von ca. 700 v.Chr.) und machte weiterhin seine eigenen Erfahrungen.

Er erprobte sein Wissen zunächst weiter an sich und auch an Obdachlosen. Seine Heilerfolge machten ihn jedoch schon bald bekannt. Es ist anzunehmen, dass er die Gabe hatte, die Energieströme zu sehen, die ihn bei den verschiedenen Mudras durchflossen. Er sah, dass diese Energieströme zum Teil auf denen der Meridiane flossen, aber zum Teil auch ganz anders waren.

Jiro Murai sagte, dass Jin Shin Jyutsu ein uns angeborenes Wissen ist. Alles was wir für Harmonie und Gleichgewicht in unserem Leben brauchen, haben wir in uns. Das zeigt sich z.B. dann, wenn wir bei gewissen Schmerzzuständen oder Verspannungen die Hände instinktiv auf die jeweilige Stelle legen.

Wir müssen seiner Erkenntnis nach nicht im Außen nach dem Glück suchen. Wahres Glück kann nur von innen kommen, weil es ein Zustand der Seele ist.

Jirô Murai vereinigte nun seine eigenen Forschungen und Erfahrungen mit dem überlieferten Wissen und nannte diese Heilkunst zunächst die „Kunst des Glücklichseins", später änderte er den Namen in die „Kunst der Langlebigkeit", danach in die „Kunst der Güte", bis er schließlich erkannte, dass es sich um viel mehr handelte: nämlich um die „Kunst des liebenden Schöpfers durch den gütigen, mitfühlenden, bewussten und verstehenden Menschen" – und genau das ist es, was „Jin Shin Jyutsu" (ausgesprochen: Dschin Schin Dschutsu) übersetzt bedeutet.

1942 traf Mary Mariko Iino in Japan Meister Jirô Murai. Sie wurde in den USA als Tochter japanischer Eltern geboren und ging als junge Frau nach Japan, um dort zu studieren.

Somit war sie sowohl mit der fernöstlichen als auch mit der westlichen Kultur vertraut. Jirô Murai bot ihr an, von ihm seine Lebenskunst zu erlernen und das Wissen in die Welt hinauszutragen.

Nach 12 Jahren Studium bei Jirô Murai kehrte sie – inzwischen mit einem amerikanischen GI verheiratet – als Mary Burmeister in die USA zurück, wo sie viele weitere Jahre später begann, das Wissen über die Heilkunst des Jin Shin Jyutsu weiterzugeben. So gelangte dieses Wissen zunächst in die USA, von dort nach Europa und dann schließlich in die ganze Welt.

Heute gilt Mary Burmeister als die Doyenne des Jin Shin Jyutsu. Sie zeichnete diese Methode für jeden verständlich genauestens auf. Sie starb 2008 mit 90 Jahren. In Scottsdale, Arizona gibt es ein großes Institut, das einer ihrer Söhne leitet.

Mary Burmeister sagte: „Ich bin kein Lehrer, sondern ich helfe euch, euer Bewußtsein zu erwecken, damit sich euch neue Türen öffnen".

Eine dieser Türen ist die Erkenntnis, dass allem, was im Universum und in jedem einzelnen Körper bzw. in jeder Zelle lebt, eine Kraft zugrunde liegt, die das Leben erst ermöglicht. Jirô Murai beschreibt es als "Lebensenergie", die aus der Quelle kommt, um unser Bewußtsein, die Gedanken, die Emotionen und unseren physischen Körper zu bilden.

## Was ist Jin Shin Jyutsu?

Jirô Murai entdeckte als Fluß der Energie

- *3 Hauptströme* – einen sogenannten Hauptzentralstrom in der Mitte des Körpers, und je zwei Betreuerströme und Vermittlerströme auf beiden Seiten.

- *26 Energieschlösser*, die dreidimensional und ungefähr handtellergroß sind, und beidseitig an der Vorder- und Rückseite des Körpers verlaufen.

- *12 Organströme*

- *8 Mudras*

- und viele *Zahlen- und Spezialströme* - man spricht von 144000!

Das Strömen an sich ist sehr einfach. Man nimmt seine Hände und legt sie ohne Druck auf einzelne Energieschlösser. Jedes einzelne hat seine Bedeutung und steht in Wechselwirkung mit einem anderen. Ganz instinktiv legen wir ja auch bei Schmerz oder Unwohlsein unsere Hände nicht nur an die entsprechende Stelle, sondern damit auch – ohne uns dessen bewusst zu sein – an wichtige Energiepunkte des Körpers. Dieses Handauflegen harmonisiert die Energieströme des Körpers und löst Energieblockaden oder Energiestaus. Ein neues Wohlgefühl und mehr Gesundheit auf körperlicher, geistiger und seelischer Ebene ist die angenehme Folge.

Das Strömen nach Jirô Murai ist jedoch insgesamt ein äußerst komplexes System, das man erst nach jahrelanger Erfahrung vollständig beherrscht. Anhand zahlreicher, inzwischen erschienener Bücher mit Anwendungsvorschlägen für alle Arten von Symptomen ist es dennoch ein Leichtes, sich selbst zu behandeln.

Wenn wir diese einfachen Selbsthilfesequenzen anwenden, kann Jin Shin Jyutsu unser Bewußtsein erweitern, Freude und Vitalität in unser Leben bringen und für Harmonie in Körper, Geist und Seele sorgen. Es zeigt jedem einen Weg, sich selbst kennen und lieben zu lernen.

Einstellungen von Angst und Sorgen, Wut, Trauer und übertriebener Bemühung können aufgelöst und geheilt werden. Denn sie beeinflussen, wie wir unserer Umwelt begegnen, und können „Stress" und Disharmonie entstehen lassen. Es bringt einem Entspannung, aber genauso auch mehr Energie, fördert das allgemeine Wohlergehen und die innere Harmonie. Es gibt eine Gelassenheit, die aus dem Inneren kommt und einem inneren Frieden bringt. Man begibt sich auf einen Weg zu sich selbst. Es fallen immer mehr Schichten von einem ab, die man nicht mehr braucht, und mit der Zeit kommt die ureigenste Essenz ans Licht und beginnt zu strahlen.

## *Wie funktioniert Jin Shin Jyutsu?*

So wie der Blutkreislauf unseren gesamten Körper durchströmt und alle Bereiche mit frischem Sauerstoff und allen wichtigen Nährstoffen und Bausteinen versorgt, gibt es – wie bereits mehrfach erwähnt – auch einige Energiekreisläufe, die unentwegt durch den Körper strömen und den Körper auf allen Ebenen, also auch auf geistiger und seelischer Ebene mit Energie versorgen.

So lange Blut und Energie ungehindert und frei fließen können, ist alles in Ordnung. Bildet sich jedoch irgendwo ein Stau, kann dies schnell zu heftigen Problemen führen. Liegen Blockaden in den Energiekreisläufen vor, können sich diese schließlich auch auf körperlicher Ebene bemerkbar machen und so zu den verschiedensten organischen Erkrankungen führen. Beim Blutkreislauf kann es dann zu Herzinfarkt, Schlaganfall oder eine Thrombose im Bein kommen.

Die 26 Energiepunkte des Jin Shin Jyutsu sind Stellen, an denen solche Blockaden üblicherweise häufig vorkommen. Diese Energiepunkte werden Sicherheits-Energie-Schlösser genannt. Wenn sich irgendwo ein Energiestau bildet, funktioniert das nächstliegende Sicherheits-Energie-Schloss wie eine Sicherung und schnappt zu. So verhindert es, dass sich die Blockade ungehindert im ganzen Körper ausbreitet.

Durch das Handauflegen auf ein solches Sicherheits-Energie-Schloss kann die Blockade in diesem Bereich gelöst und das Schloss wie mit einem passenden Schlüssel wieder aufgeschlossen werden. Die Hand ist also der Schlüssel, der immer in jedes Sicherheits-Energie-Schloss passt, unabhängig davon, ob es sich um die eigene oder eine fremde Hand handelt. Jeder einzelne der 26 Energiepunkte ist dabei so groß, dass man ihn nicht verfehlen kann.

Die Hände können ganz locker auf der Kleidung aufliegen, über einer blutenden Wunde schweben oder auch auf einen wie immer gearteten Verband aufgelegt werden. Die Energie beginnt zu fließen, sobald eine gewisse Nähe zu dem Energiepunkt hergestellt ist.

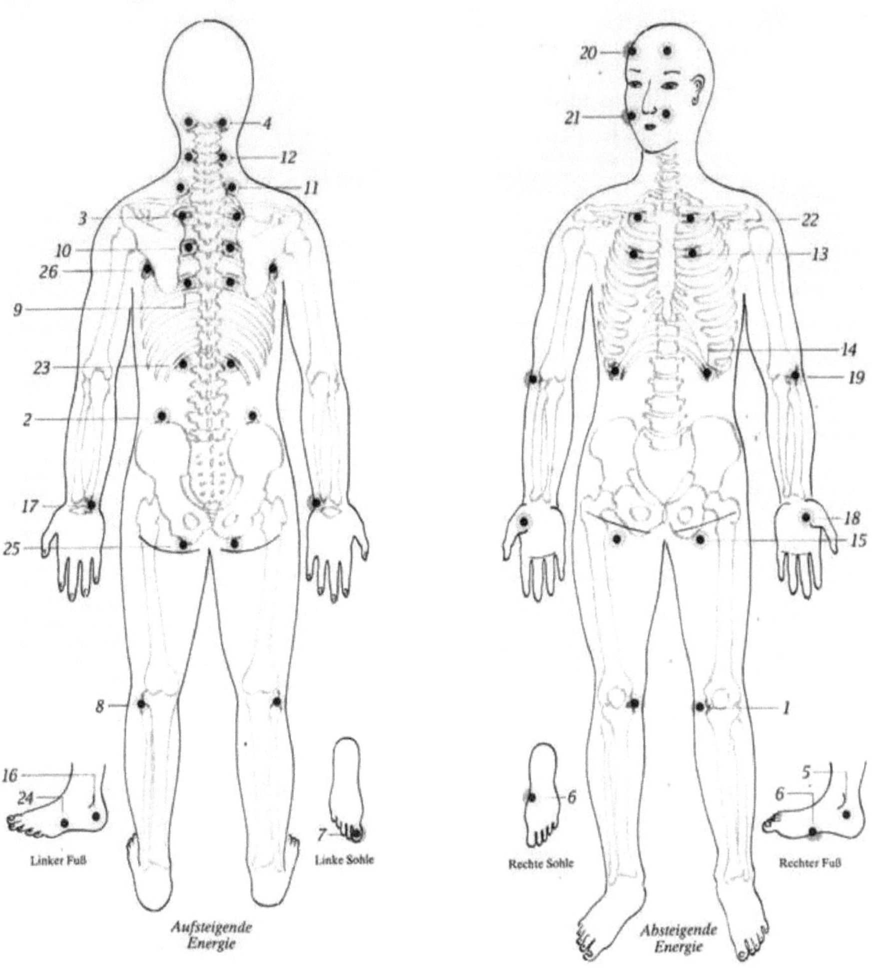


Die 26 Sicherheits-Energie-Schlösser

Das könnte man auch mit dem Atem erreichen. Meister Jirô Murai sagte: *"Der Atem ist unser grösster Heiler, dann kommen die Hände!"*. Doch wir haben leider verlernt, richtig und bewusst zu atmen. Daher ist es für den Anfang leichter, die Hände aufzulegen und zusätzlich bei manchen Übungen den Atem bewusst wahrzunehmen.

Auch die oben erwähnten Mudras – bestimmte Hand- und Fingerpositionen – spielen im Jin Shin Jyutsu eine Rolle. Mudra bedeutet im Sankrit „Das, was Freude bereitet". Durch das Beugen, Dehnen und Aneinanderlegen einzelner Finger wird Energie durch bestimmte Teile unseres Körpers geleitet, die damit energetisiert werden, was zugleich unser Denken und Bewusstsein beeinflusst.

Die einfachste Anwendungsmöglichkeit des Jin Shin Jyutsu ist das lockere Umschließen eines Fingers mit den Fingern der anderen Hand. Auch damit erreicht man alle 26 Energiepunkte.

Jeder unserer zehn Finger ist mit 14.400 Funktionen im Körper verbunden. Das Energetisieren eines jeden einzelnen Fingers reinigt und stärkt daher den gesamten Körper und entspannt sowie harmonisiert unser Denken. Da jeder Finger andere Energiepunkte des Körpers in sich vereint, kann man bei Bedarf auch nur einen einzigen Finger halten, um bestimmte Organe und die dazugehörigen Gefühle zu harmonisieren.

## Die Anwendung

Ein paar Beispiele, die man mit Leichtigkeit selbst durchführen kann:

### Die Fingerübung

Wie auf dem Bild ersichtlich, ist nach Jirô Murai jeder einzelne Finger mit einem Energiestrom und den ihm zugeordneten Organen und Gefühlen verbunden. Wann immer man im täglichen Ablauf eine Pause macht, umfasst man mit den Fingern der einen Hand locker jeweils einen Finger der anderen Hand. Beim Umfassen des Daumens liegt dabei die Kuppe des anderen Daumens locker in der Mitte der Handfläche. Jeder Finger wird etwa 3 Minuten lang gehalten. Danach wechselt man zur anderen Hand. Das Halten des Daumens ist besonders entspannend und kann bei Einschlaf- und Durchschlafproblemen helfen. Spürt man beim Halten eines Fingers ein Pulsieren, ist dies ein Zeichen, dass der entsprechende Meridian einen Ausgleich braucht.

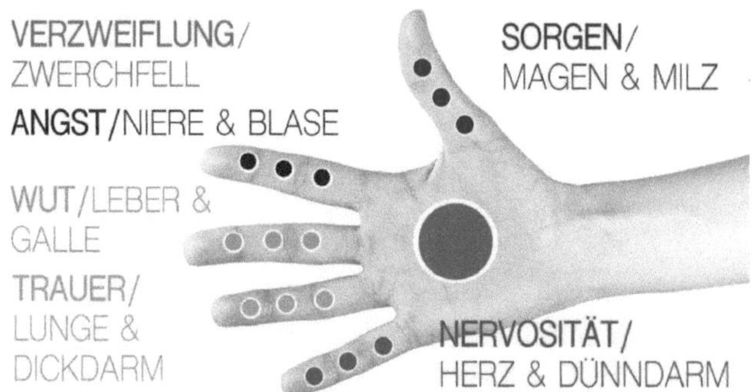

Ein besonderes Element der Fingerarbeit ist der "Verzweiflungspunkt" in der Handmitte. Diesen Punkt zu halten kann "Erste Hilfe" leisten bei kritischen Situationen, in denen auf den ersten Blick kein Ausweg zu erkennen ist. Man sollte ihn auch halten, wenn Depression droht, d.h. wenn die "Wut gewonnen hat" und sich nach innen richtet.

*Schwindel*

Man legt jeweils 2 Finger sanft unter die Wangenknochen und lässt sie dort etwa 3 Minuten liegen.

*Notfälle*

Bei blutenden Wunden stoppt die Blutung schneller, wenn man die rechte Hand auf die Wunde oder leicht schwebend darüber legt und überkreuz die linke Hand auf die rechte obenauf.

Bei Verbrennungen oder allem, was aus dem Körper herausgezogen werden soll (zum Beispiel Splitter, Gift, oder Eiter) legt man zuerst die linke Hand auf die Stelle und kreuzweise die rechte Hand auf die linke obenauf.

Bei Herzenge hält man zugleich beide Handgelenke.

Bei Schock (zum Beispiel nach einem Unfall) legt man die Hände ganz locker auf die Knie-Innenseiten.

Bei drohender Ohnmacht drückt man so fest wie möglich auf die Mitte zwischen Nase und Ober-lippe. Hier liegt ein Reflex-punkt.

*Rückenschmerzen*

Bei Schmerzen im unteren Rücken legt man die Hände links und rechts hinten auf den oberen Rand der Becken-knochen, bei Schmerzen im oberen Rücken beidseitig auf den untersten Punkt der Rippen, und lässt sie mindestens 3 Minuten dort liegen.

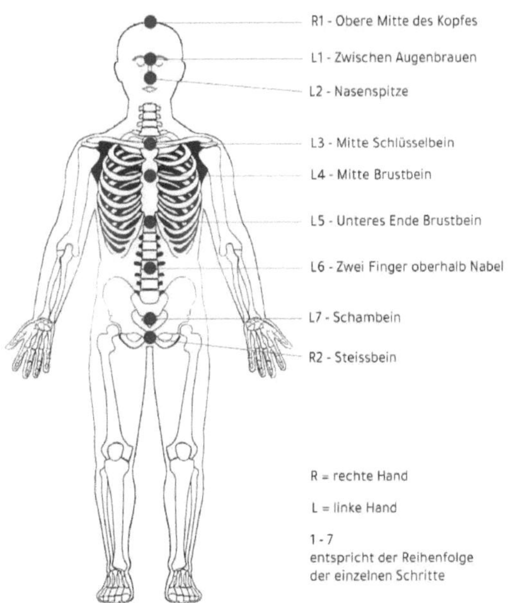

*Die Mitte-Übung*

stellt die Harmonie mit der Lebensquelle wieder her, indem sie Blockaden am Hauptzentralstrom löst.

Die Übung hilft auch, die linke (weibliche) und die rechte (männliche) Seite des Körpers ins Gleichgewicht zu bringen und damit eventuell durch einseitige Belastung entstandene Schmerzen auszugleichen. Daher ist sie z.B. eine wertvolle Unterstützung bei Ischias und der dafür empfohlenen Übung.

Die rechte Hand liegt dabei auf der Mitte des Kopfes, während die linke Hand (oder auch umgekehrt) entlang der angegebenen Punkte nach unten wandert und dabei auf jedem Punkt mindestens 3 Minuten liegen bleibt. Ist man beim Steißbein angelangt, entfernt man die Hand vom Kopf und legt sie an der Rückseite des Körpers ebenfalls auf das Steißbein.

*Die große Umarmung*

Während man den Körper umarmt, legt man die Daumen oben auf die Vorderseite der Arme, auf die Gelenke zwischen Vorderseite der Arme und Schultern, und die Finger an die Seiten der Schulterblätter. Die Daumen helfen, die Lungen für leichteres Atmen zu entspannen und die Finger helfen, Spannung/Stress in den Schultern zu klären.

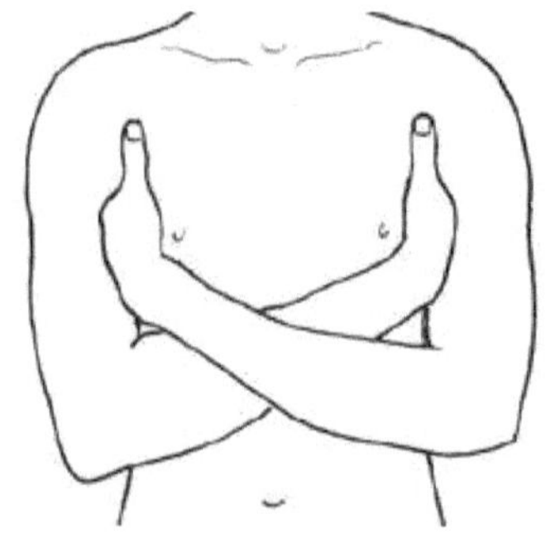

Man sitzt aufrecht und möglichst entspannt, lässt die Schultern fallen, schließt die Augen und richtet die Aufmerksamkeit nach innen. Man atmet ohne Anstrengung aus und gibt dem Atem alles mit, was einen vielleicht gerade belastet. Die Energie fließt dabei vom Kopf nach unten bis zu den Zehen.

Dann atmet man ohne Anstrengung ein, wobei man sich vorstellt, dass frische Lebensenergie an der Rückseite des Körpers von den Füßen bis in den Kopf fließt. Mit 36 bewussten Atemzügen gewinnt man so neue Kraft um – wenn es gerade ansteht – auch in eine neue Richtung zu gehen.

*Hitze ausleiten*

Der Energiepunkt (SES) 8, der für Rhythmus, Stärke und Frieden steht, hilft unter anderem bei der Regulation von Hitzeempfinden. Er befindet sich an der äußeren Rückseite des Knies, neben der starken Außensehne. Zur Ausleitung von Hitze legt man die linke Hand auf den Punkt am linken (!) Knie und die rechte Hand darüber und hält für ca. 3 Minuten.

***Der Wert von Jin Shin Jyutsu in der energetischen Praxis***

Jin Shin Jyutsu kann in der energetischen Praxis bei unterschiedlichsten Themen unmittelbar angewandt werden. Es eignet sich jedoch auch besonders für die Weitergabe und Anwendung als Selbstheilmethode für den Alltag.

# Medizin zum Aufmalen – die Körbler-Methode

Ein weiteres faszinierendes – und noch einfacher zu handhabendes Gebiet, das es inzwischen in unterschiedlichsten Weiterentwicklungen gibt, ist die sogenannte Neue Homöopathie® oder Körbler-Methode.

## *Die Geschichte*

„Die Mathematik ist das Alphabet, mit dem Gott geschrieben hat", sagte einst Galileo Galilei. Heilen mit individuellen Symbolen oder Strichcodes ist in den letzten Jahren ein sehr starker Trend im Bereich der alternativen Heilmethoden. Die Methoden sind einfach zu erlernen und sehr wirksam und deshalb für jeden Interessierten geeignet.

Einer der Pioniere unserer Zeit auf diesem Gebiet war der Wiener Elektrotechniker Erich Körbler. Geboren am 13. Mai 1938 in Wien studierte er nach Abschluß der Schule Elektrotechnik und Elektronik sowie Welthandel und Publizistik in Wien. Danach arbeitete er als Telekommunikationstechniker bei der österreichischen Post und nebenberuflich als Journalist und Kriegsberichterstatter.

Seine Beschäftigung mit der Energie- und Informationsmedizin begann, als er als Journalist einen Mann interviewte, der mit Hilfe einer Einhandrute Mineralien in den österreichischen Bergen suchte und auch fand. Zunächst skeptisch, war er nach einiger Zeit der persönlichen Anwendung und Erforschung davon überzeugt, dass diese Methode das feinste Messverfahren für Menschen darstellt, das er bis dahin kennengelernt hatte.

Zu diesem Zeitpunkt umfasste sein Wissen um den menschlichen Energiekörper bereits die Traditionelle Chinesische Medizin, Akupunktur und Akupressur. Auslösendes Moment für die Kombination dieser Methoden mit derjenigen der sogenannten Einhandrute waren dann mehrere Krankheitsfälle in seinem familiären Umfeld, denen schulmedizinisch nicht beizukommen war.

Unterstützung bei seinen Forschungen über den Einsatz geometrischer Formen am menschlichen Meridiansystem bekam er danach von dem anerkannten Akupunkturspezialisten Dr. Georg König und von einigen, ihm persönlich bekannten Physikern.

Die Zusammenarbeit mit der Ärztin Dr. Marina Markovich an der Universitätsklinik Wien, die dort mit Frühgeborenen sehr erfolgreich Musiktherapien durchführte, brachte ihn schließlich von einer rein physikalischen Betrachtungsweise auf die Wirkung von Frequenzen auf den menschlichen Energiekörper und den Organismus.

Er untersuchte die Wirkung von Strichkombinationen auf lebendige Systeme, zuerst an Nahrungsmitteln und kurze Zeit später auch am menschlichen Meridiansystem. Er erprobte die Wirkung der Strichcodes und anderer geometrischer Formen wie der Sinus-Welle, dem Ypsilon und dem balkengleichen Kreuz an verschiedenen Menschen, begann Vorträge und Seminare zu halten und publizierte seine Erkenntnisse in der Fachzeitschrift „raum&zeit".

Kurz darauf tauchte die inzwischen weltbekannte, circa 5000 Jahre alte Mumie am Similaungletscher auf, die am Rücken und an den Beinen und Füßen ebensolche Strichcodes und Kreuze eintätowiert hatte, wie sie Körbler bereits ein halbes Jahr vorher als „Geometrien-Medizin der Urvölker" beschrieben hatte.

Er hatte damals formuliert: *"Ohne dass sie von elektromagnetischen Wellen eine Ahnung hatten, verwendeten die Menschen seit frühesten Zeiten und an allen Enden und Ecken der Welt, die modernsten elektronischen Schaltelemente, nämlich geometrische Formen und Farben zur Körperbemalung zwecks Kräftigung und Gesunderhaltung. Die angewandte Neue Homöopathie war also für die Urvölker tatsächlich neben Pflanzensäften die einzige Gesundheitshilfe ..."*

Erich Körbler erhielt in der Folge zahlreiche Auszeichnungen für seine Tätigkeit. Am 2. März 1994 erlag er völlig überraschend einem Herzinfarkt.

Bestätigt wurde seine Lehre erst in den Jahren 1998 und 1999 durch die wissenschaftlichen Veröffentlichungen rund um die Gletschermumie „Ötzi", mit dem allgemeinen Tenor, dass die Tätowierungen des Eismanns zu therapeutischen Zwecken erfolgt sein mussten.

Die „Neue Homöopathie nach Erich Körbler"® wurde schließlich 2009 neben den Unterrichtsfächern TCM, Akupunktur, Somatotopien und Klassische Homöopathie Teil des Curriculums des Masterstudienlehrgangs „Komplementäre Gesundheitswissenschaften Schwerpunkt energy medicine", welches am interuniversitären Kolleg Graz/Schloss Seggau für qualifizierte Mitarbeiter des Gesundheitswesens wie Krankenschwestern, Heilpraktiker, Masseure, Ärzte usw. als Studium angeboten und mit dem Grad eines Master of Science (MSc) abgeschlossen wird.

Mittlerweile gibt es zahlreiche Weiterentwicklungen der „Medizin zum Aufmalen" mit unterschiedlichen Symbolen. Bekannt sind z.B. die Bücher von Roswitha Stark, Petra Neumayer und Christina Baumann.[9]

---

[9] Roswitha Stark: „Medizin zum Aufmalen", Mankau-Verlag 2023

## *Das Krankheitsverständnis der Neuen Homöopathie*

Während die Schulmedizin Krankheit als etwas versteht, was man sich unglücklicherweise – in der Regel von außen – zugezogen hat, und dann bestrebt ist, dem Patienten mithilfe unterschiedlichster Mittel und Methoden zu helfen, die Beschwerden wieder loszuwerden, sieht die ganzheitliche Betrachtungsweise Krankheit als gestörte Balance der Energiesysteme.

Krankheit ist also auch eine Botschaft, die wichtige Informationen für uns enthält, so wir denn bereit sind, dies grundsätzlich einmal anzunehmen und in weiterer Folge zu entschlüsseln und zu transformieren.

Die medizinischen Traditionen des Ostens – ob nun Akupunktur, Shiatsu, Yoga, Ayurveda, Reiki und viele andere mehr – haben die Botschaften von Krankheit bereits vor Jahrtausenden als solche verstanden, und sie haben unterschiedliche, kulturspezifische Wege gefunden, diese zu entschlüsseln und darauf zu antworten. Ihnen allen gemeinsam ist das Wissen um den Energiekörper des Menschen, der mit den ihn umgebenden Schwingungsfeldern in ständigem Austausch steht.

Erich Körbler – als Brückenbauer zwischen dem alten Wissen und modernen Erkenntnissen – erkannte, dass der Mensch als Informationssystem durch Information geheilt werden kann. Er sah seine Methode als Weiterentwicklung der Homöopathie nach Samuel Hahnemann und nannte sie dementsprechend auch „Neue Homöophatie". Auch hier geht es nicht um die Bekämpfung von Symptomen, sondern um die Aktivierung und Stärkung der Selbstheilungskräfte des Menschen.

## *Wie funktioniert die Neue Homöopathie?*

Die neue Homöopathie gehört somit zum umfangreichen Gebiet der Informations- und Schwingungsmedizin, die im Bereich der Quantenebene ansetzt. Die Methode wird durch die Quantenphysik bestätigt. Analogien finden sich außerdem in der heiligen Geometrie, in der Arbeit mit Heilzahlen, mit Runen u.a.m.

Körbler entmystifizierte die seit Jahrtausenden bekannten Symbole, welche die Selbstheilungskräfte mobilisieren und erklärte sie aus physikalischer Sicht folgendermaßen: *"Die Striche der Medizinmänner sind keine Zauberei. Jeder Strich, egal ob auf der Haut oder auf Textil, hat eine andere Leitfähigkeit als das Medium, was bei elektromagnetischen Wellen im Nanometer-Bereich schon als Antennenform wirkt, wobei jede Antenne Energie aufnimmt – aber sie gleich wieder abgeben muss. Vom Mittelpunkt des Striches aus entsteht nun eine stehende Welle, dadurch werden die Strichenden polarisiert, und es entstehen polarisierte Felder."* Folglich zeigen unterschiedliche Strichanordnungen auch andere Ladungs- und

Schwingungsmuster, und daher auch verschiedene Auswirkungen, abhängig vom System mit dem sie "kommunizieren".

Die Neue Homöopathie arbeitet jedoch nicht nur mit der Antennen-Wirkung von geometrischen Formen und Zeichen, sondern auch mit einem allen lebendigen Systemen zugrunde liegenden Ordnungsprinzip, dessen Informationen sich in allen Daseins-Ebenen eines lebendigen Systems wiederfinden lassen. Diese Ordnungs-prinzipien sind der Grund dafür, weshalb man mithilfe von Strich-Kombinationen und geometrischen Formen „negativ" wirkende Informationen in einem biologischen System so verändern kann, dass Heilung stattfinden kann.

Die Quantenphysik zeigt auf, dass sich die „Geheimnisse des Lebens" nicht durch die Beschäftigung mit der Materie, sondern vielmehr durch die Untersuchung von Informationsübertragungsmechanismen und den Wechselwirkungen zwischen elektromagnetischen Felder entschlüsseln lassen. Sie postuliert, dass wir in einem intelligenten, energetischen Universum leben, in dem ausnahmslos alles mit allem verbunden ist. Jede Energie ist Information und es gibt keine Information ohne Bewusstsein. Der Großteil der Menschen unterschätzt heute noch ganz eminent die Macht unseres Willens, unserer Gedanken und unserer gesprochenen Worte.

Wer lernt, das Bewusstsein zu steuern, der steuert die Welt. Wer lernt, auf die Schwingungen einzuwirken, der kann bewusste Veränderungen alleine durch seine Intention erzeugen. Wie Gedanken und Gefuhle sind auch Symbole und Zahlen komprimierte Information und Schwingung und wir können mit dieser Schwingung in Resonanz treten. So können Symbole helfen, andere Schwingungen, die aus der universellen Ordnung geraten sind und sich in der Folge als Krankheit, Blockade, oder psychische Störung äußern, wieder in einen harmonischen Zustand zu bringen.

Wichtig für die Heilung ist natürlich wie immer auch der Glaube daran, dass Heilung möglich ist – für einen selbst, genauso wie für andere, sofort und unmittelbar und vollständig. Der Faktor der inneren Überzeugung, der Wille und die Bereitschaft zur Heilung sind die Grundlage für überzeugende Heilerfolge.

Wenn der Erfolg manchmal nicht unmittelbar eintritt, sollten wir uns

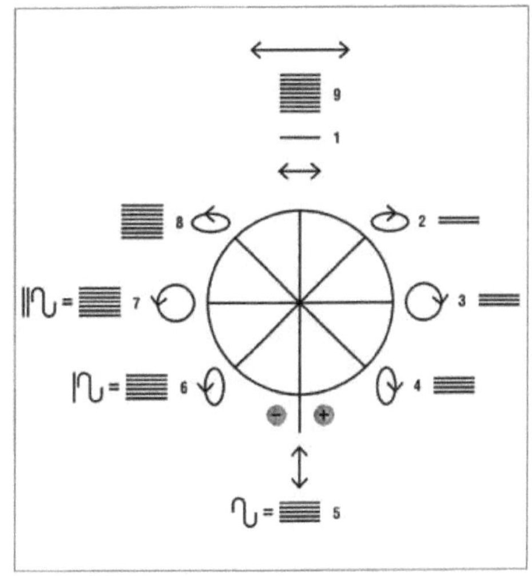

bewusst machen, dass es vielleicht tief in uns Glaubenssätze gibt, die verhindern, dass wir uns selbst Heilung und ein Leben in Gesundheit und Wohlstand zugestehen. Unsere Seele steuert alles und gibt lmpulse an den Geist, der Geist transportiert die lmpulse an das Bewusstsein und das Bewusstsein bringt die lmpulse in Form. Wenn wir glauben, dass es eine Schöpferkraft gibt und dass wir Teil davon sind, dass wir selbst Schöpfer unserer Realität sind, kann Heilung spontan und unmittelbar geschehen.

Selbst in Laienhand ist die Neue Homöopathie ideal zur Unterstützung, raschen Klärung und Verbesserung in vielen Lebensbereichen, ob krank oder gesund, was selbstverständlich einen unter Umständen nötigen Besuch beim Arzt nicht ausschließt. [10]

## Die praktische Anwendung

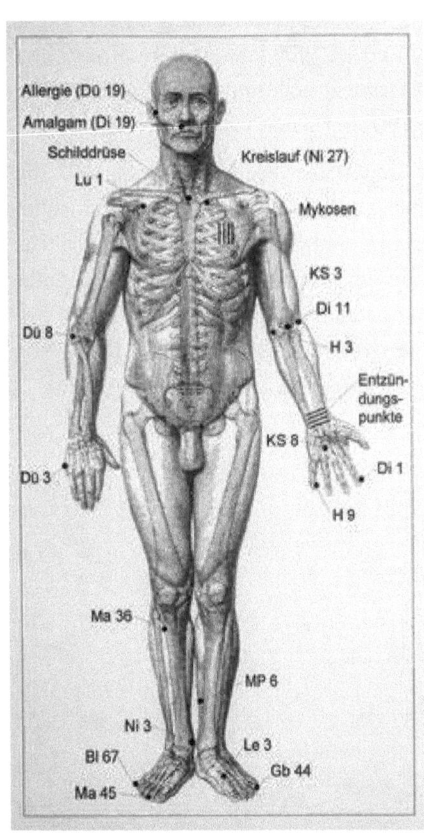


Die meisten Techniken der lnformationsmedizin sind einfach anzuwenden. Man braucht weder Einweihungen noch lange Ausbildungen. Ein gewisses medizinisches Grundwissen ist aber selbstverständlich nützlich. Zudem muss man den Umgang mit der Einhandrute – auch „Tensor" genannt – oder mit einem Pendel erlernen und beherrschen.

Erprobte Systeme wie das Meridiansystem und die Organuhr der Traditionellen Chinesischen Medizin, die Radiästhesie und Strichcodes als Schwingungs- und Informationsträger sind hier zu einer leicht nachvollziehbaren, wissenschaftlich fundierten Methode der ganzheitlichen Lebensgestaltung verbunden. Die Prinzipien des ganzheitlichen Ansatzes, der Informationsübertragung und das Ähnlichkeits-prinzip wirken zusammen. Arzneimittelbilder müssen nicht durch lange Gespräche ermittelt werden. Die Einhandrute oder das Pendel

---

[10] Quellen u.a.: „Die Sprache der Natur verstehen lernen", Das Lebenswerk von Erich Körbler
2010 | 18. Auflage, Ehlers Verlag

führen mithilfe der Körblerschen Symbole und einer Testtabelle („Vektorenkreis")
– siehe oben – zu wertvollen Ergebnissen an den mittels des sogenannten „Körbler-
Status" ausgetesteten Akupunkturpunkten.

Auch emotionale und mentale Belastungen wie Traumata oder andere psychische
Probleme, die im Zellgedächtnis abgespeichert sind, können auf diesem Weg gelöst
werden. Im Umfeld des Patienten können Störungen am Schlaf- und Arbeitsplatz
(Wasseradern, Verwerfungen, E-Smog etc.) ausgetestet und bei Bedarf behoben
werden. Über den von Körbler entdeckten Psychomeridian ist außerdem ein rascher,
sicherer Zugang zu gespeicherten Informationen vergangener Lebensereignisse
möglich, die mit der jeweiligen Problematik des Patienten unmittelbar verknüpft
sind, z.B. unerlöste seelische Konflikte. Über die entsprechende "Umkehr-
Information" mittels Strichcodes, werden diese Konflikte entschärft und verlieren so
ihre unverträgliche Auswirkung. Schließlich ist auch die – weiter unten noch
ausführlicher erklärte – Wasserübertragung ein bewährtes Werkzeug.

Sollten die Punkte am Körbler-Status nicht so leicht zugänglich sein, kann man
auch an Händen oder Füßen testen.

### *Die Körbler-Zeichen und ihre Verwendung*

#### *Die Strichcodes*

Es handelt sich dabei um 2 bis 9 parallel gezeichnete Striche, die je nach Schwere
einer Erkrankung gesetzt werden, wobei man 5 Striche auch durch das
Sinuszeichen, 6 Striche auch durch Sinus + 1 Strich und 7 Striche durch Sinus + 2
Striche ersetzen kann. 8 Striche werden normalerweise ebensowenig verwendet wie
9 Striche.

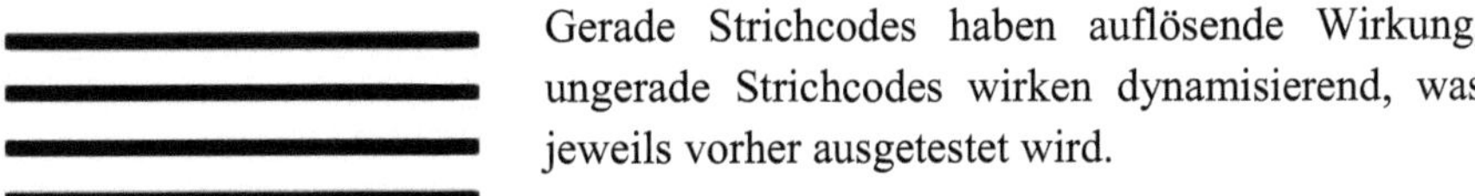

Gerade Strichcodes haben auflösende Wirkung,
ungerade Strichcodes wirken dynamisierend, was
jeweils vorher ausgetestet wird.

1 Strich dient zur Narbenentstörung oder zum Löschen von Zeichen, die man nicht
mehr braucht. 2 und 3 Striche stehen für eine harmlose Störung und werden in der
Regel nicht aufgezeichnet. 4 Striche weisen auf eine leichte Störung hin. Sie sind
gut bei Verkühlung und Entzündungen und werden quer unter den Handgelenken
gezeichnet. Ab 5 Strichen ist eine Umpolung notwendig, wobei der Sinus auch
positive Information in negative verkehren kann, so dass immer getestet werden
muss, wie lange das Zeichen am Körper bleiben soll. 6 Striche stehen für eine
mittlere Störung, 7 Striche für eine starke Störung. 9 Striche dürfen niemals bei

Krankheit verwendet werden. Sie wirken dynamisierend und haben die Wirkung eines Verstärkers. Sie geben Wärme, Kraft und Ausdauer.

*Der Sinus*

Das Sinus-Zeichen wird in der Neuen Homöopathie am häufigsten benutzt. Es wirkt in die Tlefe an der aufgetragenen Stelle und gibt eine „Umkehrinformation" ab. Das heißt, dass Symptome, wie Schmerz, Juckreiz, Schwellung, Blutung u.ä. durch die Umkehr-information in den Normalzustand gebracht werden. Bei Schmerzen zeichnet man die Sinusform etwas kleiner als das Schmerzareal ist, eventuell mit einem Kreis umgeben. Die geraden Striche müssen dabei parallel verlaufen, nicht s-förmig.

Die Sinusform ist von ihrer Wirkung her mit den 5 parallelen Strichen ident, die jedoch mehr oberflächlich wirken. Dabei können negativ testende Schlüssel- oder Reizworte und die damit verbundenen belastenden Gefühle auch aufgeschrieben werden, um sodann mit dem passenden Umkehr-Zeichen der Neuen Homöopathie übermalt zu werden. Die so entstandene Umkehrinformation kann anschließend in Verbindung mit einer durch Y-psilon verstärkten Lösungs-Affirmation vom Betroffenen selbst auf ein Glas Wasser geprägt werden. So lässt sich ganz einfach ein informiertes "Heil"-Wasser herstellen, dass zu 100% auf die individuelle Situation angepasst ist.

Nahrungsmittelunverträglichkeiten oder Allergien können vor dem Hintergrund des weitverzweigten menschlichen Nervensystems und des Zellwassers auch als Fehlprogrammierung im Zellverband des biologischen Systems Mensch verstanden und mit Hilfe des Umkehrprinzips und dem Trinken entsprechend informierten Wassers aufgelöst werden.

*Das Ypsilon*

Das Y-Zeichen macht Unverträgliches verträglich. Verträgliches andererseits bleibt verträglich und wird sogar noch verstärkt. Das Ypsilon ist also ein Verstärkungssymbol und sollte am Körper dementsprechend vorsichtig angewendet werden. Besser ist ein Heilauftrag auf Papier und eine Anwendung für den Abschluss der Wasserübertragung. Am Körper selbst muss es immer in Flussrichtung von Venen, Arterien, und Lymphe angebracht werden.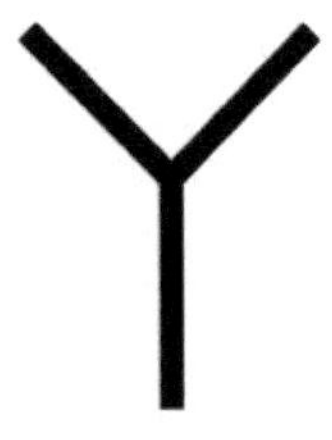

*Das balkengleiche Kreuz*

schließlich ist ein Abschirmzeichen. Es verhindert jeden Energiefluss. Es wird hauptsächlich in Räumen verwendet gegen Störungen meist geopathischer Art. Man malt ein balkengleiches Kreuz auf Papier oder Karton und legt es mit der bemalten 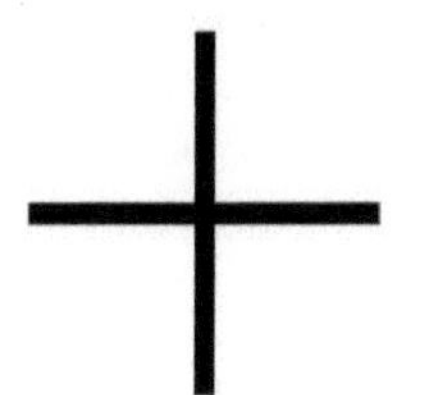 Seite nach unten auf die Störzone. Man kann z.B. auch homöopathische Präparate oder andere empfindliche Substanzen in einer Schachtel, die mit einem Balkenkreuz versehen ist, vor Störstrahlungen schützen. Am Körper wendet man es sehr selten an, eventuell bei sehr heftigen Reaktionen im Akutfall. Das Ypsilon und das balkengleiche Kreuz sollten nie zusammen angewendet werden!

Das *Jerusalemkreuz* ist ein verstärktes balkengleiches Kreuz. 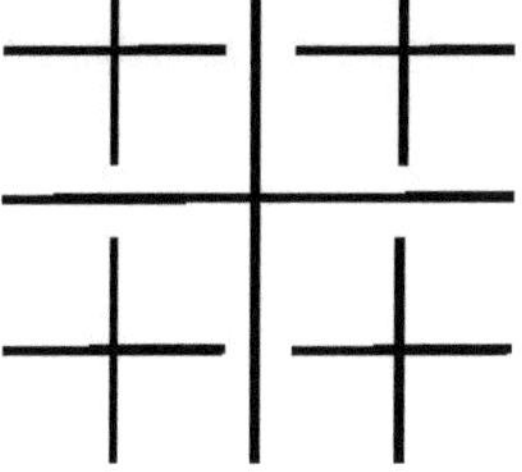

Die Austestung, welches Zeichen gemalt werden soll, erfolgt am besten mit Einhandrute oder Pendel und dem Vektorenkreis.

## Die Energiebalance und andere Behandlungen

Die Testung und der energetische Ausgleich der Meridiane sind ein ausgezeichnetes Diagnose- bzw. Therapieinstrument. Die Meridiane verlaufen dicht am Körper in der sogenannten Ätherschicht der Aura. Sie leiten blitzschnell Informationen aus der Umgebung in die einzelnen Körperabschnitte. Sind sie blockiert, hat das – wie bereits mehrfach erwähnt – Auswirkungen auf das gesamte Energiesystem. Für die Durchführung benötigt man nur jeweils einen Punkt auf dem entsprechenden Meridian. Er steht stellvertretend für die energetische Situation des gesamten Meridianverlaufes. Die 14 Energiepunkte, die Akupunkturpunkten entsprechen und die wir bei einem einfachen Energieausgleich austesten, liegen auf den Hauptmeridianen des Körpers. Je nach Rutenausschlag, kann man so direkt feststellen, ob energetische Blockierungen vorhanden sind, die das Energiesystem schwächen.

Der ausgeteste Strichcode wird, wenn benötigt, direkt auf dem entsprechenden Punkt beidseitig am Körper angebracht. Dadurch gleicht man energetische Defizite aus und löst Blockaden. Man testet nach dem Auftragen sofort mit dem persönlichen „Nein" nach, ob der Punkt negativ testet und geht dann zum nächsten Punkt.

Um bei sich selbst den Energieausgleich durchzuführen, kann man schwer erreichbare Stellen natürlich auch an den entsprechenden Stellen an Händen und Füßen bemalen. [11]

Die Energiebalance zeigt erfahrungsgemäß eine direkte Verbesserung aller akuten und chronischen Krankheiten und ist allgemein sehr hilfreich bei Burn-Out, aber auch bei jedem akuten Problem wie Migräne, Schmerzen, Allergieanfällen etc. zur raschen Erstverbesserung. Sie löst körperliche und seelische Blockaden und Disharmonien, wodurch mehr Energie für den Alltag zur Verfügung steht und man sich wohler und ausgeglichener fühlt.

Wichtig ist das absichtslose Testen, das heißt man stellt hier keine Frage, sondern arbeitet mit dern Ausschlag, den man bekommt. Zeigt die Rute ein persönliches NEIN, so ist der Punkt in Ordnung, zeigt sie ein JA, so wird der entsprechende Code aufgemalt.

Es ist wichtig die Reihenfolge der Testpunkte einzuhalten, da sie auf einander aufbauen und sich gegenseitig beeinflussen. Oft muss man einen Punkt nicht bemalen, weil er durch den vorhergehenden schon ausreichend harmonisiert wurde.

Man testet normalerweise immer die Punkte auf beiden Körperseiten. Meist testen sie allerdings gleich. Die Bemalung erfolgt unmittelbar nach dem Testen, vorzugsweise mit einem stehenden Sinuszeichen. Man bemalt auch beide Körperseiten. Bevor man zum nächsten Punkt weitergeht, testet man den bemalten Punkt noch einmal. Er sollte jetzt mit dem JA Ausschlag antworten.

Die Dauer der Bemalung wird am Ende der Balance für alle Punkte gerneinsam getestet.

Zusätzlich zum Energieausgleich können natürlich einzelne schmerzende Stellen oder die Meridianpunkte erkrankter Organe extra behandelt werden, indem man die gestesten Symbole direkt auf die energetisch blockierten Bereiche zeichnet.

Bei Problemen, die sich in der Psyche manifestiert haben, arbeitet man auf der Lebenslinie, die vom höchsten Scheitelpunkt bis in den Nacken verläuft und an der man je nach Ausschlag wie auf einer Zeitachse das traumatische Ereignis aufspüren kann.

Tiere oder Pflanzen kann man ebenfalls behandeln. Man überträgt dann die lnformation durch die Symbole auf Globuli, Wasser, oder andere Materialien, z.B. Pferdeäpfel.

Im Rahmen der Neuen Homöopathie kann man darüber hinaus auch mit anderen Symbolen, wie z.B. Runen, Engelsymbole, Blume des Lebens, Spiralen usw.,

---

[11] Petra Neumayer, Roswitha Stark: „Medizin zum Aufmalen", Mankau-Verlag 2006, S.63

arbeiten, denn es geht immer um das selbe Prinzip – Symbole werden als Sprache der Seele eingesetzt und wirken durch ihre Schwingungsmuster auf den Körper.

Es kann vorkommen das ein Organ oder eine Stelle schmerzt, aber trotzdem bei der Austestung nur eine Grad 1 - 4 Belastung angezeigt wird. Das deutet darauf hin, dass ein anderes Organ, die Zähne oder z.B. eine Schwermetallbelastung mit im Spiel sind und nicht das getestete Organ der Verursacher der Symptome ist.

Man stellt also dann die Ebene der Beschwerde fest, indem man z.B. fragt: „Wie ist der „Kopfschmerz" auf der körperlichen Ebene? Wie ist der Kopfschmerz auf der seelischen Ebene? Wie ist der Kopfschmerz auf der geistigen Ebene?" Auf der am stärksten belasteten Ebene ist dann die Ursache der Erkrankung verborgen und dort sollte auch die Therapie ansetzen.

Bei einem Wert ab Grad 5 testet man anschließend den Grad der Belastung des entsprechenden Organs bzw. der Körperzone und fragt auch gleich, ob und in welcher Stärke andere Systeme mitbeteiligt sind. Oft reicht es, diese Systeme wieder ins Gleichgewicht zu bringen und es ändern sich auch die Werte der anderen beteiligten Organe oder Zonen zur Norm.

Beim Aufmalen der Zeichen auf den Körper muss immer die Richtung – waagrecht oder senkrecht – und die Dauer des Verbleibens am Körper abgefragt werden und wie lange das Symbol am Körper bleiben soll. Kann der Körper nicht direkt bemalt werden, ist das Zeichen ebenso gut auf einem Verband wie z.B. einem Gips etc., anzubringen oder kann durch eine Übertragung auf Wasser, Öl, Leerglobuli, etc. in den Körper gebracht werden.

Malt man die Zeichen direkt auf die Haut, so sollte man sie morgens und abends überprüfen und gegebenenfalls nachziehen. Sollten Beschwerden, oder ein Unwohlgefühl auftreten, soll das Zeichen entfernt und neu ausgetestet werden. Auf sichtbaren Stellen kann auch ein Auftrag mittels nur unter Licht sichtbaren UV-Stiften erfolgen. Auf Kopf, Herz, Schilddrüse und Wirbelsäule sollten die Zeichen nie direkt, sondern etwas daneben aufgetragen werden.

### *Die Wasserübertragung*

Mit dem von Erich Körbler entdeckten „Umkehrprinzip der Systeminformation" kann der Klient oder Patient durch Übertragung individuell hergestellter Umkehrinformationen auf Wasser sein individuelles „homöopathisches" lnformationswasser herstellen. Es soll ihn dabei unterstützen, belastende lnformationen im Emotional- und Mentalkörper aufzulösen. Diese Anwendung bezeichnet man als „Umschreibprogramm nach Körbler".

Durch die wiederholte gedankliche Auseinandersetzung mit der Umkehrung der Stressbelastung im Mentalkörper, die zur Unterstützung der Neuverankerung im Emotionalkörper eventuell auf einer Farbtafel notiert wird, gelangt die Umkehrinformation durch das Trinken des lnformationswassers über das Zellwasser auf die Zellebene, wodurch das Zellbewusstsein reprogrammiert wird.

Die Wasserübertragung erfolgt nach dem „Links-Rechts-Prinzip". Dabei ist die linke Hand die aufnehmende und die rechte Hand die abgebende. Regulär erfolgt die Wasserübertragung so, dass die Heilinformation, z.B. das Wort „Kopfschmerzen" und ein darüber gemalter Sinus, in der linken Hand gehalten wird. Zeitgleich hält man in der rechten Hand 3 Minuten lang ein glattes, werbefreies Glas mit kohlensäurefreiem Wasser Der Zettel ist während der 3 Minuten anzuschauen und man stellt sich vor, dass die lnformation übertragen wird. Nach 3 Minuten ist die lnformationsübertragung abgeschlossen und die Heilinformation auf das Wasser geprägt. Sie wird fixiert, indem man ein Y über das Wasser zeichnet. Danach wird das Wasser getrunken und bei Bedarf der Vorgang wiederholt. Bei der Übertragung ist auf eine neutrale Körperhaltung zu achten, d.h. in sitzender oder auch stehender Position sind die Beine bzw. die Füße nicht überkreuzt.

Unterstützend kann man die lnformation auch auf vom Klienten ausgewählte farbige Zettel schreiben. Zum Schluss fragt man noch ab, wie oft am Tag getrunken werden und wie viele Tage die Prägung auf Wasser erfolgen soll. Wenn man den gewünschten Effekt erreicht hat, kann man die positive Information (z.B. „gesundes, perfekt funktionierendes Kniegelenk samt Bändem, Sehnen und Meniskus") auf einen Zettel schreiben, ein großes Y darübermalen und auch das wieder auf Wasser übertragem.. Das stabilisiert den gewünschten Zustand.

Die Wasserübertragung eignet sich auch gut zur Auflösung von negativen Glaubenssätzen. Dabei wird der negative Satz auf eine Hälfte eines Blattes geschrieben, darüber ein Sinus gezeichnet, und der positive neue Glaubensatz auf die andere Hälfte, darüber ein Y mit anschließender Wasserübertragung.

### *Die Lebenslinie am Psychomeridian und das Testen an der Wirbelsäule*

Der Psychomeridian geht vom Scheitel, wo der Gegenwartspunkt liegt, bis zum Atlas auf der Rückseite des Kopfes, der den Zeitpunkt der Geburt darstellt. Über ihn können blockierende Themen, die in der Vergangenheit liegen, getestet werden.

Da die Arbeit am Psychomeridian manche Klienten sehr belasten kann, sollte man als erstes immer fragen, ob es Sinn macht zum jetzigen Zeitpunkt den Psychomeridian zu betrachten.

Während man mit dem Zeigefinger langsam vom höchsten Punkt bis zum Atlas hinunterfährt, beobachtet man den Ausschlag der Rute. Dabei muss man an das Thema, bzw. das körperliche Symptom denken.

Zeigt das Pendel einen negativen Ausschlag, hält man inne und schätzt das Alter. Hat man den ungefähren Zeitpunkt eingegrenzt, fragt man genauer nach: „Wie ist es vor 30 Jahren/mit genau 30 Jahren/nach 30 Jahren...". So kommt man auf einen ziemlich genauen Zeitpunkt.

Dann fragt man den/die Klient/in, ob ihm/ihr zu dem Problem und Zeitpunkt spontan etwas einfällt. Bei allem, was er/sie sagt, wird gleich nach dem Vektorenkreis getestet: „Wie ist das, was gerade geschildert wird?" So erkennt man, welches Ereignis einen hohen Bedeutungswert hat. Man kann dem/der Klient/in auf die Sprünge helfen durch vorsichtiges Fragen: „Wie ist die Arbeit, wie sind Familie, Vater, Geschwister, Freunde, etc..." Es ist nicht unbedingt nötig herauszufinden, welche Emotionen bei diesem Ereignis aufgetreten sind.

Man kann aber auch mit Hilfe einer „Wirbelsäulentabelle" Glaubenssatzarbeit machen oder mit Zuordnung der Gefühle zu den 5 Elementen weiterarbeiten. Mit diesen Ergebnissen, z.B. einem negativen und einem positiven Glaubensatz, kann man schließlich auch mit einer Übertragung auf Wasser oder Globuli fortsetzen.

Es kann natürlich sein, dass das Ereignis, das gesucht wird, nicht auf der Lebenslinie liegt, weil es vor der Geburt oder in einem früheren Leben stattgefunden hat. Auch dies kann man einzeln austesten.

Glaubenssätze kann man schließlich ebenfalls über die Wirbelsäule am Kopf austesten. Hier arbeitet man vom Scheitelpunkt nach chronisch oder akut und testet so jeden einzelnen Wirbel aus. Man beginnt mit der Frage, in welchem Wirbel sich der negative Glaubenssatz zu dem Thema, an dem arbeitet, manifestiert. Dazu testet man zunächst den Abschnitt und findet dann den am meisten belasteten Wirbel heraus.

Nun lässt man den Klienten die einzelnen negativen Glaubenssätze aussprechen und testet gleichzeitig die Stärke der Belastung. Mit dem am stärksten reagierenden Glaubenssatz macht man dann eine Wasserübertragung.

Es ist wichtig, auch den positiven Glaubenssatz herauszufinden, der den alten, negativen ersetzen kann und diesen mit dem Ypsilon zu verstärken. Das soll direkt nach jeder Wasserübertragung gemacht werden, damit das neue Denkmuster ins Zellgedächtnis eindringen kann. Circa 10 Minuten nach der Wasserübertragung mit dem negativen Glaubenssatz und dem Sinus darüber macht man dann eine 2.Wasserübertragung mit dem positiven Satz.

### *Der Wert der Meridiantechniken in der energetischen Praxis*

Die Körbler-Methode zeichnet sich – wie das Jin Shin Jyutsu – durch ihre praktische Einfachheit und, sobald ihre wichtigsten Prinzipien verstanden wurden, durch die Möglichkeit zur Selbstanwendung und Selbstheilung aus. Sie ist somit eine wertvolle Ergänzung zu anderen energetischen Methoden.

# Reiki

Wie so Vieles in meinem Energetikerinnen-Leben bin ich auch bei den Reiki-Einweihungen einer inneren Motivation gefolgt. Vom 1.Grad im Jahr 1997 bis zur Reiki-Meisterin und Lehrerin wurde ich 5 Jahre lang durch Ulrike Gartler nach dem Original Usui-Reiki ausgebildet und begleitet und Reiki ist immer noch ein wichtiger Teil meiner energetischen Arbeit.

## *Die Geschichte des Reiki*

Dr. Mikao Usui, der Begründer der Methode, wurde am 15.August 1865 in dem kleinen Dorf Taniai im Landkreis Yamagata in Japan geboren. In jungen Jahren studierte er im buddhistischen Tempel auf dem heiligen Berg Kurama nördlich von Kyoto u.a. „Kiko" – eine japanische Variante des QiGong, die auch Heilmethoden durch Handauflegen beinhaltet. Es war eine Methode, die allerdings die persönliche Energie des Gebenden nutzt und diese daher auch mit der Zeit erschöpft.

Auf der Suche nach mehr Wissen reiste er durch ganz Japan, China und Europa und studierte Medizin, Psychologie, Religion und spirituelle Entwicklung. Nach einer Tätigkeit als Sekretär beim späteren Bürgermeister von Kyoto, bei der er viele Kontakte knüpfen konnte, wurde er schließlich erfolgreicher selbständiger Geschäftsmann.

1914 wendete sich jedoch das Blatt seiner Geschäftstätigkeit und so beschloß er, nach einer großen Lebenskrise, zu seinen spirituellen Wurzeln zurückzukehren. Er wurde Shintomönch und wanderte heilend und helfend durch Japan, wobei er nach mündlicher Überlieferung auch in den Armenvierteln Kyotos Kranke mit den spirituellen Heilkünsten dieser Religion behandelte. Bald musste er jedoch feststellen, daß dies nicht genügte, um die Menschen aus ihrem Elend zu befreien.

Er begann ein intensives Studium alter buddhistischer Schriften und übte sich in den überlieferten Techniken spiritueller Bewußtseinserweiterung und Persönlichkeits-entwicklung. Dabei wurde er auf eine Form der spirituell-energetischen Heilung aufmerksam, bei der es nicht nötig ist, selbst Ki, also Lebensenergie anzusammeln, um sich selbst und andere heilen zu können.

Um Zugang zu dieser außergewöhnlichen Methode zu bekommen, beschloß er 1922, sich zu dem heiligen Berg Kurama zu begeben, um dort 21 Tage lang fastend und in tiefer Versenkung den Kontakt zur Quelle der spirituellen Lebenskraft zu finden. Am frühen Morgen des 21.Tages seines Retreats hatte er eine Satori-(=Erleuchtungs-)erfahrung. Er sah ein hellstrahlendes Licht auf sich zukommen, das ihn in die Stirn traf und für mehrere Stunden in einen veränderten Bewußtseinszustand versetzte. Dieses Licht war die Reiki-Energie und er wußte, dass er sich schon als junger Mann nach dieser Energie gesehnt hatte und dass er jetzt heilen konnte, ohne seine eigene Energie dabei zu verbrauchen. Als er gegen Mittag wieder erwachte, fühlte er sich frisch und kraftvoll.

Dieses Erlebnis verlieh ihm, wie er bald danach feststellte, die Fähigkeit, sich selbst und andere mit der Spirituellen Lebenskraft (japanisch „Rei-Ki") zu behandeln und in anderen ebenfalls diese Kraft – Reiki – zu wecken.

Er praktizierte Reiki zunächst an sich selbst, später an den Mitgliedern seiner Familie, und gründete dann in Tokio die „Usui Reiki Ryoho Gakkai" (Gesellschaft für das Heilen durch Usui-Reiki). Er eröffnete eine kleine Klinik mitten in Tokio, wo er begann, Vorlesungen zu halten und Reiki zu praktizieren und zu lehren.

Durch seine jahrzehntelange spirituelle Praxis und seine starke Ausrichtung auf die Reiki-Kraft war es ihm möglich, ohne die heute gebräuchlichen Symbole und Mantren zu heilen. Bald wurde er sich jedoch bewußt, daß seine Schüler nicht auf die gleiche Weise arbeiten konnten wie er. So bezog er Symbole und Mantren ein und erstellte Rituale für die Einweihung der Schüler in die einzelnen Grade. Er entwickelte 6 Ausbildungsgrade, von denen die ersten 4 später von der in die USA ausgewanderten Japanerin Hawayo Takata zum 1.Grad zusammengefasst wurden. Der 3.Grad hieß „Lehrer", da man unter „Meister" in Japan nur erleuchtete Menschen verstand.

Weitere feste Bestandteile einer Ausbildung waren Meditation, Übungen zur Entwicklung der Energiewahrnehmung, Lehrgespräche über fünf Lebensregeln, die er aufstellte, und die spirituellen Gedichte des Meiji-Kaisers.

Die Kunde über seine Methode verbreitete sich schnell, die Praxis wuchs. Nach dem verheerenden Erdbeben des Jahres 1923, bei dem 140.000 Menschen ihr Leben verloren, entstand ein riesiger Bedarf an Reiki, und Usui und seine Schüler arbeiteten Tag und Nacht.

1925 eröffnete er eine größere Klinik und nahm seine Reisen durch Japan wieder auf, um die Kunde von Reiki zu verbreiten. Er lehrte danach mehr als 2000 Schüler sein Wissen und bildete 16 Lehrer aus. Die japanische Regierung verlieh ihm in der Folge eine Auszeichnung für seine Verdienste an den Mitmenschen.

Am 9.März 1926 starb Usui nach einem Schlaganfall. Er ist in Tokio begraben. Die „Usui Reikl Ryoho Gakkai" besteht in Japan bis heute. Seine Schüler begruben ihn auf einem buddhistischen Friedhof in Tokio und ließen seine Lebensgeschichte in einen dort aufgestellten riesigen Monolithen eingravieren. Die Reiki-Gesellschaft wurde durch verschiedene Präsidenten weitergeführt und existiert bis heute mit ca. 500 Mitgliedern. Sie ist an der Öffentlichkeit und der internationalen Reiki-Bewegung nicht interessiert und nimmt nur selten neue Mitglieder auf.

Einer von Usuis Schülern, der Arzt und pensionierte Marineoffizier Dr. Chujiro Hayashi, gründete nach Usuis Tod eine eigene Reiki-Schule und eröffnete eine Klinik in Tokio. Er und die von ihm ausgebildeten Reiki-Praktiker betreuten dort Menschen über einen Zeitraum von sechs Monaten bis zu einem Jahr. Hayashi erforschte optimale Behandlungsformen und fertigte viele Erfahrungsberichte über die Wirkungen von Reiki an. Er stellte u.a. einen Plan für die Ganzbehandlung auf und fand heraus, daß Reiki immer von Zonen mit disharmonischer Struktur angezogen wird und dort seine Wirkung entfaltet, während vollkommen gesundes Gewebe die Energie nicht einzieht.

Durch Hawayo Takata (geb. am 24.12.1900), eine Schülerin Hayashis, kam Reiki später nach Hawaii, wo Takata lebte. Sie war um 1930 auf der Suche nach Heilung für eine schwere Krankheit in die alte Heimat gefahren, wurde zu Dr.Hayashi geführt, der sie 6 Monate lang täglich mit Reiki und einer Frischkost-Diät behandelte und schließlich heilte. Fasziniert beschloß sie, Reiki zu lernen, und brachte anschließend das Wissen darüber in den Westen.

Zurück in Hawai, eröffnete sie in ihrem Haus eine eigene Reiki-Klinik. Bei einem Besuch von Hayashi im Jahr 1938 wurde sie zur Reiki-Meisterin geweiht; bald gab sie eigene Kurse auf der Insel und später auch auf dem Festland. Nach dem zweiten Weltkrieg gab sie vorwiegend Behandlungen, und dies ganztags. Wo Nachfrage war, unterrichtete sie Reiki-Kurse und verbreitete so Reiki auf dem ganzen amerikanischen Kontinent.

Für lange Zeit gab es außer Takata keine anderen Reiki-Meister. Nach dreißig Jahren Reiki-Praxis begann sie gegen Ende der siebziger Jahre andere Meister einzuweihen. Bei ihrem Tod im Jahre 1980 gab es 22 von ihr eingeweihte Reiki-Meister. Sie behauptete, die Original-Übermittlungslinie nach Dr.Usui zu repräsentieren, durchsetzte Reiki aber mit ihren eigenen Regeln und verbreitete einige Unwahrheiten.

Da Takata schriftliche Aufzeichnungen in den Ausbildungen aller drei Grade verbot, gab es nach ihrem Tod in der Reiki-Gemeinschaft viele Unsicherheiten und Mißverständnisse, die erst durch die Forschungen der 90er Jahre aufgeklärt werden konnten Sie selbst hatte eigentlich schon immer Phyllis Lei Furumoto, ihre Enkeltochter, als Nachfolgerin auserkoren. Obwohl schon früh in Reiki eingeweiht, zeigte diese zunächst jedoch wenig Interesse an Reiki und ging einer eigenen Karriere nach. Erst als sie ihre Großmutter auf einer Südamerikareise begleitete, entdeckte sie Reiki für sich und ließ sich von Takata zur Reiki-Meisterin ausbilden.

Nach Takatas Tod wurde Phyllis Furumoto von den anderen Meistern mehrheitlich als Nachfolgerin ihrer Großmutter anerkannt. Sie rief ein Jahr später die Meister zu einer Gedenkversammlung zu Ehren ihrer Großmutter zusammen, ein Treffen, aus dem später die „REIKI ALLIANCE" entstand.

Furumoto selbst trat 1992 aus der Reiki Alliance aus, weil es die Organisation ihrer Meinung nach in der Entwicklung besser unterstützen würde, eine eigene Meinung unabhängig von der Großmeisterin zu finden. Dennoch ist sie immer auf der jährlichen Konferenz der Reiki Alliance anwesend, und hält dort auch Vorträge über Reiki. Durch Takatas Schülerin Iris Ishikura, die sich nach deren Tod von den ursprünglich aufgestellten Regeln lossagte, begann schließlich die rasante weltweite Ausbreitung von Reiki.

Takatas Enkelin Phyllis Furumoto und Barbara Weber Ray (heute Oberhaupt der Organisation „AIRA" - The Radiance Technique Association International Inc.) bezeichnen sich noch heute als Großmeisterinnen des Reiki – ein Titel, der nichts mit dem ursprünglichen Usui-Reiki zu tun hat. Sie repräsentieren 2 verschiedene Organisationen mit bis zu 7 Einweihungsschritten, nicht aber die Original-Linie.

Die RAI (Reiki Association International) erkennt Eckard Strohm als Großmeister an. „Magus" Strohm hat seinen Aussagen nach die Fähigkeit, auch heutzutage direkt mit Dr. Usui in Kontakt zu sein und wurde von ihm vor einigen Jahren zum Reiki-Großmeister eingeweiht. Gemäß der RAI wurde Reiki bereits in Atlantis praktiziert. Weiterhin lehrt die RAI das „AROLO"-System, das auf Reiki aufbaut und spezifische Diagnosen und Hilfe ermöglicht. Bei der RAI kann die Ausbildung zum Reiki-Meister im schnellsten Fall innerhalb drei Wochen absolviert werden.

Anfang der 80er Jahre war Reiki also auch – vor allem durch den Reikimeister und Autor mehrerer Bücher zum Thema Frank Arjava Petter – nach Europa gekommen. Heute gibt es eine Vielzahl von Weiterentwicklungen der Methode, wie z.B. das „Rainbow-Reiki" nach Walter Lübeck.

Im Jahr 1988 gab Frau Furumoto bekannt, dass Meister selber Reiki-Meister einweihen dürfen. Obwohl Takata allen Meistern gesagt hatte, daß sie einen Meister einweihen könnten, hatte die überwiegende Zahl davor zugunsten der Großmeisterin darauf verzichtet.

Die überwiegende Mehrzahl der Lehrer gehört heute keiner Gruppierung an und bezeichnet sich als „freie Reiki-Meister".

Angesichts der zahlreichen, inzwischen existierenden Richtungen des Reiki empfiehlt es sich, bei der Auswahl eines Reiki-Meisters/einer Reiki-Meisterin auf sein Gefühl zu achten und sich zu fragen: „Ist dies der Meister oder die Meisterin, von der oder dem ich Reiki lernen möchte?" Bestehen Zweifel, dann lohnt es sich, weiterzufragen und sich weiter umzuhören: Sich Zeit zu lassen ist eine wesentliche Qualität in Reiki. [12]

### *Was bedeutet „Reiki"? Wie wirkt es?*

Im Japanischen werden Worte durch Bilder repräsentiert. So läßt sich auch für das Reiki-Schriftzeichen eine reiche Bildsprache zurückverfolgen. Die gegenwärtige Schreibweise stellt die vereinfachte Schreibform der japanischen Gegenwart dar. „Rei" (die obere Hälfte des Zeichens) bedeutet „universal", „Ki" (die untere Hälfte) bedeutet Kraft.

„Ki" ist ein häufig verwendeter Ausdruck in der asiatischen Kultur. Alles ist von Ki durchdrungen. Ohne Ki lebt nichts. In den Kampfsportarten wird mit Ki gekämpft, bei Reiki wird mit einer speziellen Form des Ki, eben Rei-ki, geheilt, oder besser: das ReiKi des/der Behandelten wird verstärkt bzw. wird bei der Einweihung der/die Einzuweihende mit seiner/ihrer eigenen Urkraft wiederverbunden.

Der Begriff „Ki" ist auch in anderen asiatischen Kulturen und Methoden zu finden, z.B. im chinesischen „Qi Gong" oder in dem Wort „Tai Chi". Im östlichen Glauben wird das Göttliche als überall in der Natur auffindbar verstanden. So wird z.B. auch Ikebana – eine hohe Kunst, Gestecke zu komponieren – als ein Weg gesehen zur Erleuchtung zu gelangen. Alles, womit man sich beschäftigt, kann mit Ausdauer und dem passenden Ritual zum „Weg" der spirituellen Weiterentwicklung werden.

Reiki wurzelt zwar ganz klar in der japanischen Tradition der Jahrhundertwende, wird aber mittlerweile eher im Westen – und hier sehr weit verbreitet - praktiziert. Außer den verwendeten Symbolen sind nur mehr die weiter unten beschriebenen Lebensregeln ein Relikt seines Ursprungs.

Wie funktioniert es also? Darauf gibt es keine wissenschaftlich untermauerten Antworten. Es ist nicht – oder noch nicht – überprüfbar. Es ist – wie so vieles aus dem energetischen Bereich – nur erfahrbar.

---

[12] Quelle u.a.: Frank Arjava Petter,„Das Erbe des Dr.Usui", Windpferd-Verlag 1998

Bis jetzt ist es nur gelungen, die gegenüber der normalen verstärkte Ausstrahlung von Reiki gebenden Händen mittels Kirlian-Fotografie sichtbar zu machen. Weiters konnte mittels sehr feiner Meßgeräte an der kalifornischen Stanford University festgestellt werdem, daß die Reiki-Kraft über das Scheitelchakra des jeweiligen Heilers in den Körper eintritt und sich, einmal erweckt, spiralförmig – also in ähnlicher Form wie die Doppel-Helix der DNS – gegen den Uhrzeigersinn fortsetzt.

Man kann sich seine Wirkung vielleicht so erklären: Eigentlich hat jeder Mensch die Fähigkeit, Reiki zu geben, schon immer gehabt. Er hat nur vergessen, wie es geht, und auch den Glauben daran verloren, so dass heutzutage kein „vernünftiger" Mensch darauf kommen würde, die Hand aufzulegen, wenn es weh tut (obwohl es eine natürliche Reaktion ist und öfter als uns bewusst ist, einfach instinktiv getan wird).

Wenn die Hände aufgelegt werden, spüren die meisten Menschen eine wohltuende Wärme oder ein Kribbeln, welche punktuell gespürt oder sich während der Behandlung im ganzen Körper ausbreiten können. Behandelte schlafen vielleicht bei der Behandlung ein, oder fallen in eine Art „Traumzustand" zwischen Schlafen und Wachen.

Bekommt man öfter Reiki-Behandlungen, dann fließt dem Körper soviel Energie zu, daß er anfängt, Krankheiten auf allen Ebenen selbst zu heilen. Die Selbstheilungskräfte werden also aktiviert, der „innere Arzt" wird erweckt.

Die Ursache einer Krankheit kann auf einer tieferen Ebene als der rein körperlichen liegen, was – auch wenn es die Schulmedizin kaum jemals so betrachtet – mittlerweile z.B. in der Psychoneuroimmunologie eine Selbstverständlichkeit ist. Dann kann es sein, daß Reiki die Ursache direkt angeht, und man dazu eingeladen oder sogar gezwungen wird, sich mit der Ursache auseinanderzusetzen.

Je länger eine Erkrankung/ein Unwohlsein vorhanden ist, desto mehr Behandlungen sind notwendig, bevor sich eine Änderung einstellen kann. Daher wird in der Regel zu Beginn einer Behandlungsserie empfohlen, mindestens vier Behandlungen an vier aufeinander folgenden Tagen zu geben, um „den Stein ins Rollen zu bringen."

Manchmal kommt es vor, daß Reiki „die Sache noch schlimmer macht". Das sind dann sogenannte Erstverschlimmerungen bzw. Heilreaktionen, wie man sie auch von der Homöopathie her kennt: der Körper „sieht", dass ihm geholfen wird und beginnt, die krankheitsverursachenden Giftstoffe und Keime aus dem Körper auszuscheiden. Dabei zirkulieren diese noch einmal im Körper und die ursprüngliche Reaktion wird erneut ausgelöst. Diese Art der Symptome jedoch sind im Allgemeinen nur von kurzer Dauer.

Reiki hat schon „Wunder" bewirkt, man sollte jedoch nicht darauf hoffen. Manchmal hilft Reiki nicht bei einer Erkrankung. Genausowenig wie wir wissen, wie Reiki heilt, so wenig wissen wir, warum es manchmal nicht zur körperlichen Heilung führt, sei es, dass die Krankheit aus irgendeinem Grund noch als Lernerfahrung gebraucht wird, sei es, dass der Widerstand des/der Behandelten noch zu groß ist ... Immer jedoch bringt Reiki einen ausgeglicheneren Gemütszustand, und das ist auch der Grund, warum so viele Menschen Reiki lernen, obwohl sie gar nicht krank sind. Denn - neben der Heilung - gibt es weitere Aspekte von Reiki.

Erfährt man z.B. durch bloßes Händeauflegen eine Schmerzlinderung, entdeckt man eine neue Kraft in sich – die Möglichkeit, sich selbst Gutes zu tun oder vielleicht sogar zu heilen. Man erlebt ein neues Vertrauen in eigene Möglichkeiten und Fähigkeiten und erfährt, dass man „mächtiger" ist, als man je gedacht hätte.

Manche Menschen kommen sich selbst durch Reiki auch näher. Sie entdecken verborgene Wünsche und Gefühle wieder oder nähern sich ihrer vielleicht lange verschütteten Wahrheit wieder an. Der Schleier der Selbsttäuschung wird weggezogen, was zunächst auch unangenehm sein kann. Danach fühlt man sich aber umso wohler und ist seinem wahren Sein und seinem inneren Frieden um vieles näher.

Besonders auch durch die Einweihungen begibt man sich auf einen Weg der Bewusstseinsentwicklung, der zeitlebens nicht aufhört. Egal welcher Glaubensrichtung man vielleicht angehört, man fühlt sich letzten Endes mehr an die Göttliche Energie angeschlossen und im Vertrauen in das Leben gestärkt.

Letzten Endes hilft die Reiki-Energie nicht nur den Empfangenden, sondern auch denen, die sie anwenden und weitergeben, denn indem sie sich als Kanal zur Verfügung stellen, erleben sie auch selbst deren positive und stärkende Wirkung.


## Die Ausbildung

Die Reiki-Ausbildung nach Dr. Usui erfolgt traditioneller Weise in drei Stufen oder Graden, sogenannte Einstimmungen oder Einweihungen, in denen jeweils unterschiedliche Inhalte vermittelt werden. Die Inhalte bauen aufeinander auf, auch wenn jeder Grad für sich vollständig ist.

Rein äußerlich betrachtet, führt der Meister dabei an dem Reiki-Schüler ein Ritual aus, welches er von seinem Meister erhalten hat. Man könnte es so erklären, dass der Schüler dabei wieder an seine in ihm liegende Reiki-Kraft erinnert wird, oder auch so, dass ein „Reiki-Kanal" geöffnet und dabei verschiedene Chakren aktiviert werden.

Viele Schüler machen danach intensive Wachstumserfahrungen. Man kann jedoch nicht voraussagen, wie diese aussehen werden. Die Entwicklung ist so individuell wie ein Mensch nur sein kann.

Während der Einweihungen spüren die einen nichts besonderes, während andere tief berührt sind, weinen, oder andere tiefgreifende Erfahrungen machen. In jedem Fall ist es ein sehr besonderer, man möchte fast sagen „heiliger" Akt. Es ist, wie Reiki generell, ein Weg nach innen, zu sich selbst, ein Weg zum Heilwerden und Ganzwerden auf allen Ebenen.

Jede Stufe in Reiki bereichert den Reiki-Schüler. Aber auch als Reiki-Meister macht man mit den Jahren der Ausübung immer wieder neue, aufregende Erfahrungen, die einen weiter zu sich selbst bringen und die einen immer wieder auf neue Seiten des eigenen Wesens aufmerksam machen.

Die Einweihungen beginnen zunächst mit dem ersten Grad. Wann und ob sich jemand in den zweiten Grad und später in weitere Grade einweihen läßt, hängt davon ab, wie intensiv er oder sie mit Reiki arbeiten und es in sein Leben integrieren möchte und wie seine persönliche Entwicklung voranschreitet. Zu Zeiten Dr. Usuis war es oft so, dass seine Schüler jahrelang mit dem ersten Grad arbeiteten, bevor er sie für reif genug hielt, in den 2. Grad eingeweiht zu werden.

### Die Grade

Beim *1.GRAD* wird man zunächst als Kanal für die universelle Lebenskraft dauerhaft aktiviert. Durch die Energieübertragungen bei dieser Einweihung, die in einem bestimmten, von Dr. Usui festgelegten Ablauf (4 Einweihungen) erfolgt, wird das Fließen der Energie im Körper verstärkt. Die Energiekanäle werden gereinigt und versiegelt. In den Händen ist danach in der Regel ein Strömen wahrzunehmen. Man lernt, die Reiki-Energie gezielt an sich selbst und anderen Menschen, Tieren und Pflanzen durch Händeauflegen anzuwenden ohne dabei - im Gegensatz zu den meisten anderen Methoden der Energieübertragung – seine persönliche Energie abzugeben. Man übernimmt damit von da an auch selbst die Verantwortung für seine weitere Entwicklung.

Beim *2.GRAD* verstärkt die geistige Kraft wesentlich den Energiefluß. Man beginnt, seine wahre Größe anzuerkennen und bekommt Zugang zur göttlichen Ebene in einem selbst. Man erhält außerdem die Möglichkeit, den nicht-körperlichen Bereichen menschlichen Seins (Psyche, Geist, Seele) gezielt Reiki zu geben Die Grenzen von Raum und Zeit werden aufgehoben und man lernt, Reiki mit Hilfe von drei durch Dr. Usui übermittelten Symbolen in die räumliche, aber auch zeitliche

Ferne zu senden („Fernreiki"), mit anderen Wesen auf verschiedenen Ebenen Kontakt aufzunehmen, Räume zu reinigen u.a.m.

Der *3.GRAD* („Reiki-Meister") schließlich steht für die Meisterschaft im eigenen Leben, für Selbstverantwortung, finanzielle und emotionale Freiheit, um ohne Ängste und Sorgen seinen Lebensplan zu erfüllen und dabei glücklich zu sein. Durch die Einweihung, bei der auch das Meistersymbol weitergegeben wird, kommt es zu einer weiteren Kraftverstärkung und die Tür zum wahren Selbst wird geöffnet.

Die Bereitschaft für die eigene Meisterschaft drückt zudem den Wunsch nach Transzendenz aus, d.h. die Fähigkeit über das eigene Ego hinauszugehen, um höhere Ebenen der Integration mit der Menschheit, der Natur und dem Universum zu erreichen. Man lernt, den eigenen Weg zu meistern, seine Aufgabe, seine Berufung zu erkennen und sich von seinem Höheren Selbst vertrauensvoll führen zu lassen.

Fühlt man sich in weiterer Folge dazu berufen, das Reiki-Wissen weiterzugeben, zu unterrichten, und letztlich auch andere einzuweihen, bietet sich schließlich noch die *Ausbildung zum/r Reikilehrer/in* an, bei der u.a. der genaue Ablauf der Einweihungen gelehrt wird. Der Ablauf ergibt sich aus dem, was der/die Auszubildende braucht, und wird deren Bedürfnissen entsprechend individuell gestaltet.

### *Die Reiki-Lebensregeln*

Dr. Usui war es, nachdem er verstanden hatte, dass zur Heilung mehr gehört, als nur den Körper zu heilen, auch wichtig, die geistige Einstellung seiner Schüler entsprechend zu verändern. Er fügte daher seiner Lehre fünf Lebensregeln hinzu, die er von dem Meiji-Tenno übernahm, dem zur Jahrhundertwende herrschenden japanischen Kaiser, den er sehr schätzte und der sich bemühte, seinem Volk spirituelle Orientierung zu geben. Sie sind auf das Wesentliche reduziert und dennoch vielschichtig.

Sie lauten wie folgt:

1. Ärgere dich heute nicht
2. Sorge dich heute nicht
3. Arbeite heute hart
4. Sei heute nett zu deinen Mitmenschen
5. Sei heute dankbar

Was sie alle verbindet, ist das Wort *„heute"*, das auf die Bedeutung des Hier und Jetzt für jede spirituelle Entwicklung hinweist: das „Ich" im „Jetzt" aufgehen zu lassen bewirkt dieser Lehre nach automatisch das Eintreten des persönlichen Ego in das Große Göttliche Licht.

*1. Ärgere dich heute nicht*

Mit dieser Regel wird Ärger als gewaltige positive Kraftquelle gesehen, die als vitale Lebensenergie im Wurzelchakra sitzt. Es geht darum, diese Energie nicht in einer Emotion verpuffen zu lassen, sondern in konstruktive Handlung umzusetzen.

Voraussetzung dafür ist natürlich die Ergründung der Ursache des Ärgers, der dahinterliegenden, oft unbewussten Ängste und Gefühle, d.h. Selbstinspektion.

Die Herausforderung dieser Lebensregel lautet:

> *„Möchte ich mich weiter ärgern und über andere schimpfen, oder will ich tatkräftig darangehen, das Wahre, Schöne und Gute in der Welt zu verwirklichen und damit das Göttliche durch mich nach bestem Wissen und Gewissen wirken zu lassen?"*

*2. Sorge dich heute nicht*

Sorge blockiert nach Dr. Usuis Lehre das Sexual-Chakra, das man auch als „Lebensfreude-Chakra" bezeichnen könnte, denn dort werden Freude und die Beziehungsfähigkeit auf körperlicher Ebene organisiert. Es geht um die Kraft der Angst, die genaugenommen nur ein Wächter ist, von vielen Menschen aber zum Herrscher über ihr Leben gemacht wird. Sorgen zeigen an, daß ein meist unterbewußter Anteil eines Menschen befürchtet, die Kontrolle über wesentliche Dinge zu verlieren, die zum Überleben oder zur Erhaltung wichtiger Ressourcen notwendig sind. Das Unterbewußtsein glaubt, es könnte bald recht gefährlich, schmerzhaft oder irgendwie unbequem werden.

Der Sinn der Regel *„Sorge dich heute nicht"* ist es, sich der Kraft der Freude zu öffnen und der Lebendigkeit, die sie bringt, und herauszufinden, was genau befürchtet wird, so dass die gefangene Grundenergie in konstruktive, die Situation zum Positiven wendende Handlungen umgesetzt werden kann.

Vielleicht wird man dann auch erkennen, dass man sich mit angstbesetzten Vorstellungen gefühlsmäßig und energetisch in Richtung Tod bewegt, die ganze Umgebung damit vergiftet, und u.U. auch das ins eigene Leben zieht, was man befürchtet.

Die Herausforderung dieser Lebensregel könnte lauten:

> *„Möchte ich weiterhin meine Gedanken auf mögliche Katastrophen ausrichten und mein Leben damit vergiften oder möchte ich beginnen, meine Aufmerksamkeit auf das zu richten,*

*was es jetzt in meinem Leben an Schönheit und Reichtum gibt und
dadurch Freude erfahren?"*

### 3. Arbeite heute hart

Bei dieser Regel geht es nicht darum, zum Workaholic zu werden und keine Zeit
mehr für sich und seine Lieben zu haben, sondern darum, Arbeit so zu gestalten,
dass sie zum persönlichen Lebensweg sinnvoll passt. Es geht zunächst einmal um
Arbeit im spirituellen Sinn, d.h. um Arbeit an sich selbst. Nur wer diese auf die
rechte Weise – und unermüdlich – ausführt, kann sich immer mehr auf sein
göttliches Selbst einlassen, und verhindert, daß alte Gewohnheitsmuster wieder von
ihm Besitz ergreifen und alles bereits Erreichte erneut zunichte machen.

In weiterer Folge geht es auch um die Berufung als spirituelle Dimension der
Arbeit, mit der man seinen Lebensunterhalt verdient. Auch diese Arbeit sollte, wie
alles andere im Leben, ernstgenommen und frohgemut und spielerisch erledigt
werden. Jemand, der seinen Beruf als Berufung betrachtet, wird gute Arbeit liefern.
Die Lebensregel erinnert daran, sich wirklich auf das Leben hier einzulassen, die
Zeit nicht zu vertrödeln und seine Chancen zu nutzen.

Voraussetzung dafür ist natürlich, dass man sich selbst (er)kennt und anerkennt. Je
besser man sich selbst versteht und respektiert, was und wer man ist, desto mehr
wird die Arbeit mit der Berufung übereinstimmen. Das dazugehörige
Energiezentrum ist das Solarplexus-Chakra.

Die Herausforderung dieser Lebensregel könnte lauten:

> *„Möchte ich meine Arbeit als unangenehme Notwendigkeit und
> Fron herunterspulen oder mich auf den Weg begeben, heraus-
> zufinden, worin meine Berufung besteht, wie ich durch ihre
> Verwirklichung am besten zum Wohl des Ganzen beitragen und
> dazu noch mit Freude meinen Lebensunterhalt verdienen kann?"*

### 4. Sei heute nett zu deinen Mitmenschen

Hier ist – wie schon zu vermuten – das Herzchakra angesprochen. Wenn man
ehrlicher zu sich wird und zu seinen Schwächen steht, sie nach und nach lieben
lernt, ermöglicht einem dieser Fortschritt nach dem Gesetz „wie innen, so außen"
mit den Wesen seiner Umgebung liebevoller umzugehen.

Voraussetzung dafür ist neben Selbsterkenntnis auch die Bewusstheit darüber, dass
alles im Außen der Spiegel des eigenen Inneren ist. Man ist aufgerufen, das
Göttliche auch in den anderen zu erkennen und zu ehren.

Die Herausforderung dieser Lebensregel könnte lauten:

> *„Möchte ich andere als Blitzableiter für meine innere Unausgewogenheit benutzen, oder bin ich bereit, die Verantwortung für mein Innenleben und dessen Ausdruck zu übernehmen, und auf der Basis meiner Selbstannahme anderen respekt- und liebevoll zu begegnen?"*

*5.Sei heute dankbar*

In dieser Regel – der schwierigsten von allen – geht es um die Anerkennung der besonderen Gnade, des göttlichen Segens, der in allem vorhanden ist, was wir bekommen. Diese Regel verlangt nichts Geringeres, als für alles das, was man hat, bekommt, ist, lernen kann, usw. dankbar zu sein. Die Voraussetzung dafür sind Erfahrung und Bewußtseinsbildung mit den ersten vier Regeln. Man befindet sich jetzt im Energiebereich des 3.Auges und es geht darum, Machtansprüche loszulassen und Vertrauen zu entwickeln.

Dankbarkeit schärft die Sinne für göttliche Einwirkungen. Die Quelle des Lebens bietet für alle genug Nahrung. Wenn man es von Herzen annimmt, wird man verstehen, daß immer das Richtige zur richtigen Zeit zu einem kommt.

Selbst wenn man manche dieser „Geschenke" zunächst vielleicht nicht als solche wahrnehmen kann und sich als Opfer der Umstände fühlt, darf man begreifen, dass alles zum eigenen Besten geschieht – sei es nun als etwas Positives oder in Form einer Lernerfahrung mit dem Potential, uns auf dem Weg der persönlichen Entwicklung zu unterstützen..

Die Herausforderung dieser Lebensregel könnte lauten:

> *„Möchte ich die angenehmen Geschenke des Lebens als Selbstverständlichkeit hinnehmen und mit den weniger angenehmen hadern bzw. meine Energie dafür verwenden, ihnen Widerstand zu leisten oder mich in Dankbarkeit für den Reichtum des Lebens üben bzw. durch liebevolle Annahme der Entwicklungsgeschenke des Universums mein Bewusstsein erweitern und auf dem Selbstentwicklungsweg fortschreiten?"[13]*

---

[13] Quellen: Frank Arjava Petter: „Das Reiki-Feuer", Windpferd-Verlag 1997
„Reiki- Das Erbe des Dr.Usui", Windpferd-Verlag 1998
Walter Lübeck: „Reiki-Weg des Herzens", Windpferd-Verlag 2002

### *Der Ablauf einer Reiki-Behandlung*

Wenn jemand sagt, er „bekomme Reiki", dann meint er meistens, das er eine „Reiki-Behandlung" erhält. Der/die Behandelte liegt dabei auf einer bequemen Unterlage (auf dem Boden, einer Massageliege oder einem Bett), und der/die Behandelnde legt die Hände auf verschiedene Positionen auf dessen Körper – entweder nach der im Rahmen der Einweihung gelernten Abfolge oder auch – meist mit fortgeschrittener Praxis – intuitiv auf bestimmte Stellen.

Die Behandlung dauert in der Regel sechzig bis neunzig Minuten. Sie beginnt am Kopf und setzt sich über Oberkörper und Unterkörper bis zu den Füßen fort. Auf jeder Position liegt eine Hand – oder beide – drei bis fünf Minuten. Der/die Reiki-Behandler/in kann aber auch selbst Schwerpunkte setzen, wenn er/sie spürt, dass eine Stelle mehr oder weniger Energie braucht.

Durch die Einweihungen ist der/die Behandler/in an Reiki angeschlossen. Wenn er/sie die Hände auflegt, dann gibt er/sie nicht die eigene Energie weiter, sondern ist Kanal für die Energie, die durch seine/ihre Hände fließt. Eine Behandlung laugt den/die Behandler/in also nicht aus, es ist vielmehr so, dass er/sie durch die durch ihn/sie fließende Energie selbst auch Heilung erfährt. Soweit der Ablauf vor Ort.

Beim Fern-Reiki ist – wie schon der Name nahelegt – keine physische Präsenz des/der Behandelten notwendig. Der/die Behandelnde verbindet sich mit Hilfe der ab dem 2.Grad erlernten Symbole mit der Reiki-Energie und dem/der Behandelten – unabhängig von dessen Aufenthaltsort – und sendet diese an die sensitiv wahrgenommenen Körperstellen, aber auch, wenn erforderlich, in die Vergangenheit oder Zukunft. Der/die Behandelte begibt sich währenddessen zu einem vereinbarten Zeitpunkt in eine, auch vor äußeren Einflüssen geschützte Ruheposition von etwa 30 Minuten und nimmt auf, was gespürt wird. In einem passenden Zeitabstand danach gibt er/sie dem/der Behandelnden Feedback zu den gemachten Erfahrungen.

### *Der Wert von Reiki in der energetischen Praxis*

Auch wenn Reiki vielen, vor allem rational ausgerichteten Menschen – seien es nun Patienten oder Ärzte – „mystisch" erscheinen mag, kann es eine wertvolle Ergänzung zu schulmedizinischen Behandlungen sein. Häufig passiert es auch, dass man mit regelmäßigen Reiki-Behandlungen viel weniger krank wird und ein allgemein harmonischeres Leben führt.

In der energetischen Praxis ist es eine wertvolle Methode für Klient/innen, die, wenn sie noch kaum Erfahrungen mit energetischen Methoden gemacht haben, zunächst vielleicht skeptisch sind in Bezug auf tiefer gehende Ansätze, welche eine

Auseinandersetzung mit den eigenen Themen erfordern, was dementspechend auch Angst hervorrufen kann. Eine Reiki-Behandlung erlaubt ein Loslassen des Alltags, bewirkt tiefgehende Entspannung und ist dennoch eine nachhaltige Wohltat auch auf tieferen Ebenen.

# Die Ziele einer energetischen Behandlung

Selbsterkenntnis, Selbstbestimmung, Selbsthilfe, Selbstheilung – so könnte man die Ziele der von mir angebotenen energetischen Behandlungen formulieren. Als Energetikerin sehe ich mich demnach als Begleiterin auf einer langen Reise zu sich selbst, zum eigenen Potential und dessen Verwirklichung, und letzten Endes auch zum Erkennen des eigenen Seelenauftrags.

Es geht niemals darum, jemandem die Verantwortung für das eigene Leben abzunehmen, indem man ihn/sie „heilt". Jede/r darf seinen/ihren Weg mit meiner Unterstützung so weit gehen, wie er/sie es im Augenblick für möglich und richtig hält, und als Leitbild auf diesem Weg bietet sich folgende innere Haltung an:

## Erwarte nichts

### und halte alles für möglich -
### dann können Wunder geschehen!

# Literaturhinweise


*Energie allgemein*

Nathalie Schmidt: „Energie – Grundlage des Lebens", Schirner-Verlag 2012

Shalila Sharamon/Bodo J.Baginski: „Das Chakra-Handbuch", Windpferd-Verlag 2007

Mike Mandl: „Meridiane. Landkarten der Seele", Bacopa-Verlag, 2020

Daniela Sainitzer An Aibja: „Meridiane im Körper – Krankheiten verstehen, Selbstheilungskräfte aktivieren und endlich gesund werden" tredition-Verlag 2023

*Astrologie*

Errol Weiner: „Der Pfad der Seele im Horoskop", Hier & Jetzt-Verlag 1995

Peter Orban: „Astrologie als Therapie", Kailash-Verlag 1995

Petra Niehaus: „Das Handbuch der astrologischen Biografiearbeit", Ebertin-Verlag 1998

*Aromatherapie*

Susanne Fischer-Rizzi: „Himmlische Düfte. Das große Buch der Aromatherapie", AT-Verlag 2011

Dr. Julia Lawless: „Aromatherapie. Ätherische Öle für Körper und Geist", Könemann-Verlag 1999

Rainer Maria Wieshammer „Verführen und Heilen mit Düften", Goldmann-Verlag 1999

*Bachblüten*

Mechthild Scheffer „Die Original Bach-Blütentherapie", Südwest-Verlag 2011

Edward Bach „Die heilende Natur", Heyne-Verlag 1990

*Channeling*

Edgar Cayce: „Über das Höhere Selbst", Goldmann Esoterik 1995

Safi Nidiaye: „Ihr Höheres Selbst", Ullstein TB 2004

Vywamus/Janet McClure: „Die Kunst des Channelns", Ch.Falk-Verlag Teil 1 1989, Teil 2 2007

Shakti Gawain: „Entwicklung Deiner Intuition", Heyne-Verlag 2003

Tony Neate: „Jeder kann channeln", Kailash-Verlag 2003

*Essenzarbeit*

Hal und Sidra Stone „Du bist Viele. Das 100fache Selbst und seine Entdeckung durch die Voice-Dialogue-Methode" Heyne-Verlag 1994

*Jin Shin Jyutsu*

Waltraud Riegger-Krause „Jin Shin Jyutsu, die Kunst der Selbstheilung durch Auflegen der Hände", Irisiana-Verlag 2012

Alice Burmeister, Tom Monte: „Heilende Berührung", Droemersche Verlagsanstalt 2000


*Neue Homöopathie*

Roswitha Stark: „Medizin zum Aufmalen: Heilen mit Zeichen und Symbolen" Mankau-Verlag 2023

Christina Baumann, Roswitha Stark: „Praxisbuch Neue Homöopathie: 20 bewährte Testlisten für den Einsatz in der Pendel-, Tensor- oder Kinesiologie-Praxis, Mankau-Verlag 2019

Christina Baumann, Roswitha Stark: „Praxisbuch Neue Homöopathie. Band 2: 20 neue Testlisten für den Einsatz in der Pendel-, Tensor- oder Kinesiologie-Praxis" Mankau-Verlag 2024


*Reiki*

Frank Arjava Petter: „Das Reiki Feuer" (Neues über den Ursprung der Reiki-Kraft), Windpferd-Verlag 1997

Frank Arjava Petter: „Das Erbe des Dr.Usui" (Wiederentdeckte Dokumente zu den Ursprüngen und Entwicklungen des Reiki-Systems sowie neue Aspekte der Reiki-Energie), Windpferd-Verlag 1998

Walter Lübeck/Frank Arjava Petter/William Lee Rand: „Das Reiki-Kompendium" Windpferd-Verlag 2000

Stephan Schulte: „Reiki und Energiearbeit", Windpferd-Verlag 1994

Walter Lübeck: „Reiki-Weg des Herzens" (Der Reiki-Einweihungsweg. Eine Methode der ganzheitlichen Heilung von Körper, Geist und Seele), Windpferd-Verlag 2013

Walter Lübeck: „Die Reiki Hausapotheke" (Reiki-Behandlungen zur begleitenden Therapie von über 40 Krankheiten. Mit naturheilkundlichen Ergänzungen), Windpferd-Verlag 2003

# Bildnachweise

S.46: Amyris-Lust auf Duft© Margot Handler

S.62: Blue Elf Creations©, Enja Margot Handler

S.71: © Lena Handler

Printed by Books on Demand GmbH, Norderstedt / Germany